교과서 교실 생활 문해력

3단계

초등 3·4학년

학교에서 필요한 문해력과 실생활에서 필요한 문해력을
따로 공부할 필요가 있을까요?

**" 문해력이 필요한 순간은
언제나 있습니다 "**

이 책은
문해력 학습의 효율을 확 높였습니다

두 가지를
담았어요

교과서
문해력

실생활
문해력

교실 문해력으로
4주 완성 챌린지를
함께 해요!

교실 문해력

🍃 왜 필요할까요?

문해력은 학교에서 학습할 때는 물론 일상생활 전반에서 필요한 능력입니다.
교과 관련 내용을 담은 글을 읽고 쓰는 것은 물론, 실생활에서 접하는 다양한 매체를 보고
문제를 해결하는 능력을 갖출 필요가 있습니다.

🍃 어떻게 사용할까요?

날마다 6쪽씩 재미있게 학습합니다.
어휘를 풍성하게 하는 낱말 학습, 유익한 교과 관련 내용을 담은 교과서 문해력 지문 독해,
주변에서 볼 수 있는 다양한 실생활 문해력 지문을 독해 후 확인 문제를 풀어 봅니다.

🍃 그래서 어떤 효과가 있을까요?

글을 읽고 의미를 바르게 이해함으로써 교과 과정 내용을 수월하게 따라갈 수 있습니다.
또한 말과 글에 담긴 뜻을 제대로 파악하여 사람들과 원활하게 소통할 수 있습니다.

이렇게 공부해요

1 준비 학습

낱말을 그림과 함께 쉽게 익혀요. 퀴즈를 통해 학습한 낱말을 점검하고, 지문에 대한 배경지식을 쌓아요.

🐛 학습 point

국어 기초 어휘 목록을 토대로 선정한 낱말을 학습하며 나의 어휘력을 넓혀요. 어휘력은 문해력의 기본!

2 교과서 문해력

국어, 사회, 과학, 도덕, 체육 등 주요 교과와 관련된 지문을 읽고 교과 핵심 내용을 익혀요.

🐛 학습 point

최신 국어과 교육과정의 읽기 내용 요소를 담아, 읽기만 해도 문해력을 쑥 끌어올릴 수 있어요!

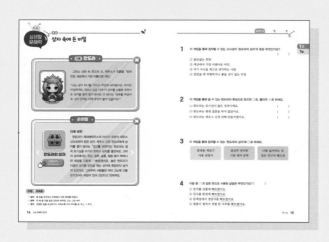

3 실생활 문해력

백과사전, 동영상, 안내문, 신문 기사 등 실생활에서 접하는 친숙한 문서들을 즐겁게 읽어요.

🐛 학습 point

최근 계약서, 약관, 뉴스 등 실생활에서 접하는 매체를 올바르게 읽고 쓰는 능력이 중요해지고 있어요!

차례

1주

교과서 문해력과 실생활 문해력을
한번에 키워 보세요.

일자	오늘의 낱말	오늘의 읽을거리	스스로 평가
1일	• 당부 • 신화 • 일화 • 유래하다	교과서 역지사지에 담긴 이야기 실생활 상자 속에 든 비밀	😁 🙂 🙁
2일	• 결실 • 음력 • 제철 • 차례	교과서 같은 듯 다른 세계의 명절 실생활 모두 모여 함께 먹는 과자	😁 🙂 🙁
3일	• 감지하다 • 서식하다 • 유용하다 • 퍼덕이다	교과서 날지 못하는 날개를 가진 새 실생활 날지 못해도 괜찮아	😁 🙂 🙁
4일	• 갈등 • 반려견 • 입주자 • 완화하다	교과서 서로 배려하는 사람이 됩시다 실생활 행복한 공동 주택 만들기	😁 🙂 🙁
5일	• 꼬집다 • 비판하다 • 참여하다 • 풍자하다	교과서 백성들의 여가 생활 실생활 봉산 탈춤을 봤어요	😁 🙂 🙁

오늘의 낱말

다음 낱말을 소리 내어 읽어 보고 뜻을 살펴보세요.

당부

꼭 해 줄 것을 말로 단단히 부탁함. 또는 그런 부탁.

신화

신 같은 존재 혹은 신에 대한 신비스러운 이야기.

일화

어떤 일이나 사람에 대한 흥미로운 이야기.

유래하다

일이나 사물이 생겨남.

오늘의 퀴즈

빈칸에 들어갈 알맞은 낱말을 보기 에서 골라 쓰세요.

보기

당부   신화   일화   유래

1 우리나라에는 단군 ☐☐ 가 전해 내려오고 있어요.

2 이 동네의 이름은 이곳에서 재배되던 곡식에서 ☐☐ 하였어요.

3 어머니께서는 내게 항상 손을 깨끗이 닦으라고 ☐☐ 를 하셨어요.

4 선생님께서는 우리에게 교장 선생님과의 감동적인 ☐☐ 를 들려주셨어요.

미리 쌓는 배경지식

고사성어

- 옛이야기에서 유래하여 전해지는 말이에요.
- 옛사람들의 지혜와 교훈이 담겨 있어 널리 쓰여요.
- 동양에서 전해진 고사성어는 한자로 이루어져 있어요.

역지사지에 담긴 이야기

1문단 여러분, 같은 반 친구들끼리 서로 다툴 때면 선생님이 자주 하는 말이 있지요. 그 말이 무엇인지 기억하고 있나요? 맞아요. "제발 역지사지의 마음가짐을 가지고 싸우지 말렴."이라고 했었지요. 이때 '역지사지'의 뜻이 무엇인지 알고 있나요? 상대편의 입장을 먼저 생각하고 이해하라는 의미예요. 역지사지처럼 °옛이야기에서 생겨나 수천, 수백 년 동안 전해 내려오는 말을 고사성어라고 해요.

2문단 고사성어는 옛이야기 속에서 생겨났기 때문에 옛사람들의 지혜 혹은 교훈을 엿볼 수 있어요. 역지사지 역시 옛이야기에서 °유래했어요. 아주 오래전, 중국에 하우와 후직이라는 사람이 있었어요. 두 사람은 모두 °나랏일을 하는 °관리였는데 집으로 돌아가지도 못할 정도로 바쁘게 일을 했어요. 주변 사람들이 쉬면서 일을 하라고 했지만, 하우와 후직은 자신들이 일을 하지 않으면 백성들이 어려운 일을 겪을 수 있다며 열심히 나랏일을 돌보았어요. ㉠이 두 사람의 °일화에서 '역지사지'라는 말이 생겨났어요.

3문단 고사성어는 주로 동양의 역사나 °신화, 서양의 그리스·로마 신화 등에서 많이 만들어졌어요. 그래서 한자를 잘 알지 못하거나 신화에 관심이 없다면 고사성어의 뜻을 이해하는 게 조금 어려울 수도 있을 거예요. 하지만 이런 고사성어를 잘 공부해 놓으면, 내가 하고자 하는 말을 상대방이 이해하기 쉽게 강조하여 전달할 수 있어요.

이런 뜻이에요

- **옛이야기** 옛날이야기. 옛날에 있었던 일이라고 전해지거나 꾸며 하는 이야기.
- **유래했어요** 일이나 사물이 생겨났어요.
- **나랏일** 나라의 일.
- **관리** 나라의 일을 맡아서 하는 사람.
- **일화** 어떤 일이나 사람에 대한 흥미로운 이야기.
- **신화** 신 같은 존재 혹은 신에 대한 신비스러운 이야기.

1 이 글을 읽고, 무엇에 대해 쓴 글인지 찾아 ○표 하세요.

속담　　　　　명언　　　　　고사성어

 2 각 문단의 중심 내용으로 알맞은 것을 줄로 이으세요.

1문단 •

2문단 •

3문단 •

• 고사성어는 옛사람들의 지혜 혹은 교훈을 엿볼 수 있어요.

• 고사성어를 통해 하고자 하는 말을 강조하여 전달할 수 있어요.

• 고사성어는 옛이야기에서 생겨나 수천, 수백 년 동안 전해 내려오는 말이에요.

 3 이 글의 내용으로 알맞지 <u>않은</u> 것은 무엇인가요? (　　　)

① 고사성어는 옛이야기에서 생겨났어요.
② 고사성어는 오늘날에도 새롭게 만들어지고 있어요.
③ 고사성어에는 옛사람들이 전하는 교훈이 담겨 있어요.
④ 고사성어는 동양과 서양 모두 전해져 내려오고 있어요.

 4 ㉠을 읽고 난 뒤의 반응으로 알맞은 것에 ○표 하세요.

(1) 자신들의 욕심을 채우기 위해 다른 사람의 아픔을 무시했기 때문에 역지사지라는 말이 생겨났군.　　　　　(　　　)

(2) 자신들의 입장보다는 다른 사람의 입장을 먼저 생각하고 배려했기 때문에 역지사지라는 말이 생겨났군.　　　　　(　　　)

상자 속에 든 비밀

· **이름** **판도라** ·

그리스 신화 속 최고의 신, 제우스가 진흙을 [*]빚어 만든 세상에서 가장 아름다운 여인.

"나는 상자 하나를 가지고 세상에 내려왔어요. 하지만 이상하게도, 제우스 신은 내게 이 상자를 선물로 주면서도 상자를 절대 열어 봐서는 안 된다는 [*]당부를 하셨어요. 상자 안에는 대체 무엇이 들어 있을까요?"

· **아이템** ·

판도라의 상자

구매하기
10,000 Gold

[상품 설명]

판도라가 에피메테우스의 아내가 되면서 제우스 신으로부터 받은 상자. 제우스 신은 판도라에게 상자를 열지 말라는 [*]경고를 하였지만, 판도라는 결국 호기심을 이기지 못하고 상자를 열었어요. 그러자 상자에서는 욕심, 질투, 슬픔, 질병 등이 튀어나와 세상을 고통에 ㉠빠트렸어요. 놀란 판도라가 다급히 상자를 닫았을 때는 상자에 희망만이 남겨져 있었어요. 그로부터 사람들은 여러 고난에 고통받으면서도 희망이 있어 견딘다고 전해져요.

이런 뜻이에요

● **빚어** 흙 등을 주무르고 반죽해서 어떤 형태를 만들어.
● **당부** 꼭 해 줄 것을 말로 단단히 부탁함. 또는 그런 부탁.
● **경고** 위험한 일을 조심하거나 피하도록 미리 주의를 줌. 또는 그 주의.

1 이 게임을 통해 짐작할 수 있는 고사성어 '판도라의 상자'의 뜻은 무엇인가요?

(   )

① 쓸모없는 희망

② 세상에서 가장 아름다운 여인

③ 자기 자신을 최고로 생각하는 사람

④ 알았을 때 위험하거나 좋을 것이 없는 비밀

2 이 게임을 통해 알 수 있는 판도라의 특징으로 맞으면 ○표, 틀리면 ×표 하세요.

(1) 판도라는 호기심이 많은 성격이에요.   (   )

(2) 판도라는 평생 결혼을 하지 않았어요.   (   )

(3) 판도라는 제우스 신에 의해 만들어졌어요.   (   )

3 이 게임을 통해 짐작할 수 있는 '판도라의 상자'에 ○표 하세요.

휴대용 게임기 사용 설명서	열심히 정리한 시험 대비 공책	나를 싫어하는 것 같은 친구의 핸드폰

4 다음 중 ㉠과 같은 뜻으로 사용된 낱말은 무엇인가요? (   )

① 반지를 강물에 빠트렸어요.

② 친구를 함정에 빠트렸어요.

③ 문제집에서 정답지를 빠트렸어요.

④ 필통이 열려서 연필 한 자루를 빠트렸어요.

2일

오늘의 낱말

다음 낱말을 소리 내어 읽어 보고 뜻을 살펴보세요.

결실

곡식, 과일나무가 열매를 맺거나 맺은 열매가 익음. 또는 그 열매.

음력

달이 지구를 한 바퀴 도는 데 걸리는 시간을 기준으로 하여 날짜를 세는 달력.

제철

알맞은 때 혹은 시기.

차례

설이나 추석 등의 낮에 지내는 제사.

오늘의 퀴즈

다음 낱말과 알맞은 뜻을 줄로 이으세요.

결실 •

제철 •

음력 •

차례 •

• 알맞은 때 혹은 시기.

• 설이나 추석 등의 낮에 지내는 제사.

• 곡식, 과일나무가 열매를 맺거나 맺은 열매가 익음. 또는 그 열매.

• 달이 지구를 한 바퀴 도는 데 걸리는 시간을 기준으로 하여 날짜를 세는 달력.

 미리 쌓는 배경지식

명절

🍃 해마다 일정하게 돌아와 전통적으로 기념하거나 즐기는 날이에요.

🍃 우리나라의 대표적인 명절은 설과 추석이에요.

🍃 설과 추석 외에 정월 대보름, 단오도 명절에 포함돼요.

교과서 문해력

사회

같은 듯 다른 세계의 명절

1문단 우리나라는 설이 되면 가족들이 모여 집안의 웃어른에게 세배하고 *차례를 지내요. 추석에는 송편을 만들어 먹고 보름달을 바라보며 소원을 빌어요. 우리나라처럼 세계의 여러 나라에도 다양한 명절과 *세시 풍속이 있어요.

2문단 중국의 *음력 1월 1일은 '춘절'이에요. 중국에서는 설을 봄을 맞이한다는 의미로 춘절이라고 불러요. 중국 사람들은 춘절 저녁에 폭죽놀이를 해요. 나쁜 일들이 폭죽을 터뜨리는 소리에 놀라서 사라지길 바라기 때문이에요. 또한 세뱃돈을 빨간 봉투에 넣어서 주고, 거리에는 빨간 등불을 걸어요.

3문단 미국의 11월 넷째 주 목요일은 '추수 감사절'이에요. 추수 감사절이 되면 미국 사람들은 일 년 동안 *수확한 곡식으로 만든 음식, 칠면조 요리, *제철 채소 등을 가족, 이웃과 나누어 먹어요. 그리고 올해도 농사의 *결실을 맺었다는 점에 대해 감사의 기도를 올려요.

4문단 멕시코에서는 10월 31일부터 11월 2일까지 '죽은 자들의 날'이라는 명절을 지내요. 멕시코 사람들은 죽음을 *긍정적으로 받아들이고, 죽은 자들의 날에 하늘나라에 있는 가족과 친구들이 세상에 내려온다고 생각해요. 이 시기에는 모두 해골 분장을 한 채로 축제를 즐겨요. 세상을 떠난 사람들을 만나러 가는 기쁜 날이기 때문이에요. 멕시코 사람들은 죽은 자들의 무덤을 꽃으로 장식하고 그들이 좋아했던 음식을 먹기도 해요.

5문단 이 밖에도 새해 첫날에 차가운 바다에서 수영하는 네덜란드, 진흙이나 달걀을 상대방에게 던지는 수단 등 세계 여러 나라가 각기 다른 세시 풍속을 가지고 있어요.

이런 뜻이에요

- **차례** 설이나 추석 등의 낮에 지내는 제사.
- **세시 풍속** 매해 절기, 달, 계절 등에 맞추어서 하는 여러 가지 일이나 놀이.
- **음력** 달이 지구를 한 바퀴 도는 데 걸리는 시간을 기준으로 하여 날짜를 세는 달력.
- **수확한** 심어서 가꾼 농작물을 거두어들인.
- **제철** 알맞은 때 혹은 시기.
- **결실** 곡식, 과일나무가 열매를 맺거나 맺은 열매가 익음. 또는 그 열매.
- **긍정적** 좋게 볼 만하거나 바람직한 것.

1 이 글은 무엇에 대해 설명하는 글인지 ㉠, ㉡에 각각 알맞은 말을 쓰세요.

> 세계 여러 나라의 ____㉠____ 과 세시 ____㉡____

• ㉠ _____   ㉡ _____

2 이 글의 내용으로 알맞지 <u>않은</u> 것은 무엇인가요? (   )

① 중국에서는 춘절 아침부터 폭죽놀이를 해요.
② 우리나라에서는 추석에 송편을 만들어 먹어요.
③ 멕시코에서는 죽은 자들의 날에 해골 분장을 해요.
④ 미국에서는 추수 감사절에 칠면조 요리를 만들어 먹어요.

3 밑줄 친 표현과 비슷한 표현을 이 글에서 찾아 다섯 글자로 쓰세요.

> 멕시코 사람들은 '죽은 자들의 날'이 되면, <u>돌아가신</u> 분들의 무덤을 찾아가 시간을 보내요. 그들이 좋아했던 음식과 꽃을 무덤에 가져다 놓고 함께 시간을 보내는 것은 우리나라의 문화와도 비슷해요.

4 이 글의 내용을 바탕으로 명절에 대해 <u>잘못</u> 이해한 어린이는 누구인가요? (   )

① 원빈: 우리나라의 추석은 미국의 추수 감사절과 비슷해.
② 상윤: 우리나라와 네덜란드의 세시 풍속은 비슷한 점이 많아.
③ 지연: 우리나라의 설처럼 중국의 춘절에도 세배하는 풍습이 있어.
④ 해주: 우리나라 사람들과 달리 멕시코 사람들은 죽음에 대해 좋게 생각해.

백 과 사 전

모두 모여 함께 먹는 과자

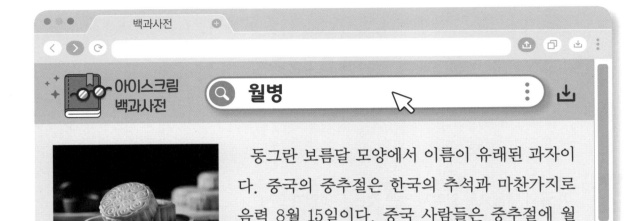

아이스크림 백과사전

🔍 **월병**

동그란 보름달 모양에서 이름이 유래된 과자이다. 중국의 중추절은 한국의 추석과 마찬가지로 음력 8월 15일이다. 중국 사람들은 중추절에 월병을 [•]빚어 제사를 지낼 때 쓴 다음, 가족이나 이웃들과 함께 나누어 먹는다. 중추절에 모두 한곳에 모여 월병을 나누어 먹기 때문에 월병은 가족의 [•]화목을 상징하기도 한다. 월병은 현재는 명절 음식은 물론 선물용으로도 사랑받고 있다.

월병을 만들기 위해서는 밀가루, 계란, 꿀, 설탕 등의 재료가 필요하다. 밀가루로 반죽을 만들어 월병 모양의 틀에 넣고 속에는 [•]견과류나 팥, 말린 과일 등을 채운다. 그 위에 반죽을 덮은 뒤 계란 물을 바르고 [•]오븐에 15~20분 정도 굽는다. 월병 속에 들어가는 재료는 지역에 따라 달라지며, 요즘에는 서양식 재료가 들어가는 등 다양하게 변화하고 있다.

이런 뜻이에요

- **빚어** 곡물 가루를 반죽해 음식을 만들어.
- **화목** 서로 정답고 뜻이 맞음.
- **견과류** 호두, 땅콩 등과 같이 딱딱한 껍데기에 싸인 나무 열매의 종류.
- **오븐** 위, 아래, 양옆에서 열을 가해 음식을 익히는 조리 기구.

1 중국의 중추절과 비슷한 우리나라의 명절에 ○표 하세요.

설   추석   정월 대보름

2 이 백과사전을 통해 알 수 있는 내용으로 맞으면 ○표, 틀리면 ×표 하세요.

(1) 월병의 크기 ( )

(2) 월병의 재료 ( )

(3) 월병 이름의 유래 ( )

3 이 백과사전과 보기 를 읽고 짐작한 내용으로 알맞은 것은 무엇인가요? ( )

보기

 송편은 새로 수확한 쌀을 빻아 반죽을 해서 그 속에 콩, 깨 등을 넣어 만든 음식이에요. 우리나라는 추석에 수확을 축하하는 의미로 송편을 만들어요. 송편을 찜통에 넣고 찔 때 아래에 솔잎을 깔면 송편에 솔잎 향이 스며들어요.

① 월병과 송편은 만드는 재료가 달라.
② 월병과 송편의 모양은 비슷한 편이야.
③ 송편도 월병처럼 가족의 화목을 상징해.
④ 송편도 월병처럼 오븐에 구워서 만들어.

4 월병을 만드는 방법을 순서대로 골라 빈칸에 기호를 쓰세요.

(가) 밀가루로 반죽을 만들어요.
(나) 반죽을 월병 모양의 틀에 넣어요.
(다) 반죽 위에 계란 물을 바른 뒤 오븐에 구워요.
(라) 틀에 넣은 반죽 위에 속 재료를 채우고, 그 위에 반죽을 덮어요.

• ((가)) → ( ) → ( ) → ( )

1주
3일

오늘의 낱말

다음 낱말을 소리 내어 읽어 보고 뜻을 살펴보세요.

감지하다
느끼어 앎.

서식하다
생물이 어떤 곳에 보금자리를 만들어서 삶.

유용하다
쓸모가 있음.

퍼덕이다
큰 새가 가볍고 크게 날개를 침.

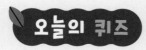
오늘의 퀴즈

다음 낱말과 알맞은 뜻을 줄로 이으세요.

감지하다 ·		· 쓸모가 있음.
서식하다 ·		· 느끼어 앎.
유용하다 ·		· 큰 새가 가볍고 크게 날개를 침.
퍼덕이다 ·		· 생물이 어떤 곳에 보금자리를 만들어서 삶.

미리 쌓는 배경지식

타조

- 타조는 무리를 지어 사막, 초원 등에 살아요.
- 타조는 작은 열매, 풀, 도마뱀, 곤충 등을 먹어요. 큰 몸집에 비해 많이 먹지 않는 잡식성 동물이에요.
- 타조의 알은 매우 커서 다른 나라에서는 알의 껍데기를 가공해 컵으로 사용하기도 해요.

과학

날지 못하는 날개를 가진 새

1문단 타조는 *조류 중에서 가장 큰 새예요. 타조의 키를 재면 2m에서 2.5m 정도까지 되는 데다 몸무게는 100kg이 넘어요. 그런데도 타조는 초원의 달리기왕인 치타만큼이나 빠르게 달릴 수 있어요. 타조는 무려 *시속 90km까지 달릴 수 있지요.

2문단 타조가 이렇게 빠르게 달릴 수 있는 비결은 바로 다리와 날개에 있어요. 타조는 튼튼한 다리 근육과 뼈를 가지고 있어 오래 달려도 쉽게 지치지 않아요. 타조는 두 날개를 활짝 펼침으로써 *균형을 잡기 때문에 다른 동물들보다 더 빨리 달릴 수 있어요.

3문단 타조의 날개는 달리기에 도움을 줄 뿐만 아니라 여러 가지 역할을 해요. 약한 피부를 보호해 주기도 하고, 긴 목을 적들로부터 숨겨 주기도 하고, 새끼를 감싸는 *보호막이 되기도 해요. 심지어 날개를 *퍼덕이며 감정 표현을 할 수도 있어요. 타조의 날개는 하늘을 훨훨 나는 데 쓰이지는 못하지만, 이렇게나 많은 곳에 *유용하게 쓰여요.

4문단 또한 타조는 *시력이 아주 좋은 동물 중 하나예요. 타조의 시력은 사람보다 약 10배 정도 좋아요. 그러다 보니 20km 정도 멀리 떨어져 있는 물건이 무엇인지 볼 수 있기까지 해요. 그래서 적이 가까이 다가오기 전에 먼저 위험을 ㉠*감지하고 빠르게 도망칠 수 있어요.

이런 뜻이에요

- **조류** 머리, 목, 몸통, 날개, 발로 이루어져 있으며 가슴뼈가 발달한 동물을 통틀어 이르는 말.
- **시속** 한 시간을 단위로 하여 잰 속도.
- **균형** 어느 한쪽으로 기울거나 치우치지 않은 상태.
- **보호막** 위험이나 곤란한 상황에서 보살피고 지키기 위해 치는 막.
- **퍼덕이며** 큰 새가 가볍고 크게 날개를 치며.
- **유용하게** 쓸모가 있게.
- **시력** 물체를 볼 수 있는 눈의 능력.
- **감지하고** 느끼어 알고.

중심 내용
1 이 글을 읽고, 무엇에 대해 쓴 글인지 찾아 ○표 하세요.

치타   타조   조류

 세부 내용
2 다음 빈칸에 들어갈 알맞은 말을 이 글에서 찾아 쓰세요.

타조의 (   )
• 균형을 잡아 빠르게 달릴 수 있게 함.
• 약한 피부를 보호함.
• 적들로부터 긴 목을 가리는 데 사용함.
• 감정을 표현하는 데 사용함.

 세부 내용
3 이 글의 내용으로 알맞은 것은 무엇인가요? (   )

① 타조는 빠르게 날 수 있어요.
② 사람은 타조보다 10배 정도 시력이 좋아요.
③ 치타는 타조만큼이나 빠르게 달릴 수 있어요.
④ 타조는 빠르게 달릴 수 있는 대신 오래 달릴 수 없어요.

 어휘·표현
4 다음 중 ㉠과 바꾸어 쓸 수 <u>없는</u> 낱말은 무엇인가요? (   )

① 느끼고
② 깨닫고
③ 알아채고
④ 깜빡하고

동영상 날지 못해도 괜찮아

1

날지 못하는 타조처럼 날개가 있어도 °비행 능력이 없는 새들이 있다는 사실, 알고 있나요? 많은 동물은 각자 필요한 능력을 선택해서 발달시켜요. 날지 못하는 새라고 해서 지구에서 없어져야 하는 건 아니지요.

2

뉴질랜드의 삼림 지대에 °서식하는 새, 키위는 °천적이 없이 살다 보니 사냥하거나 도망가지 않아도 되어 자연스럽게 날개를 쓸 필요가 없어졌어요. 그 대신 청각과 후각, 촉각이 매우 예민해졌지요.

3

호주에 서식하는 새, 에뮤는 몸무게에 °비해 날개가 너무 작아 날지 못하게 되었어요. 그 대신 소화 능력이 발달했어요. 먹이를 잘 으깨기 위해 자갈을 함께 먹을 정도로 강력한 소화 능력을 가졌지요.

4

펭귄은 날개를 비행하는 데 사용하는 대신, 물속에서 잠수하고 헤엄치는 데 날개를 사용하기로 하고 진화시켰어요. 그러다 보니 날개를 지느러미가 달린 발처럼 사용할 수 있게 되었지요.

이런 뜻이에요

- **비행** 하늘을 날아다니거나 날아감.
- **서식하는** 생물이 어떤 곳에 보금자리를 만들어서 사는.
- **천적** 잡아먹히는 동물의 적.
- **비해** 어떤 것을 기준으로 판단할 때 그것보다.

1 이 동영상의 중심 내용으로 알맞은 것은 무엇인가요? (   )

① 펭귄의 비행 능력

② 각양각색 새들의 진화

③ 타조의 날개가 발달한 이유

④ 동물이 살기 좋은 호주와 뉴질랜드

2 새의 이름과 특징이 올바른 짝이 되도록 줄로 이으세요.

에뮤	·	·	날개를 쓰지 못하는 대신 청각, 후각, 촉각이 발달했어요.
키위	·	·	날개가 너무 작아 날개를 쓰지 못하는 대신 소화 능력이 발달했어요.
펭귄	·	·	하늘을 나는 데 날개를 쓰지 못하는 대신 수영할 때 사용할 수 있게 되었어요.

3 이 동영상을 시청한 뒤 할 수 있는 질문으로 알맞지 <u>않은</u> 것은 무엇인가요?

(   )

① 에뮤의 날개는 어느 정도로 작을까?

② 펭귄의 부리는 물속에서 어떤 역할을 할까?

③ 뉴질랜드의 삼림 지대는 어떤 환경을 갖추고 있을까?

④ 타조는 하늘을 날지 못하는 대신 어떤 능력이 발달했을까?

4 이 동영상의 내용과 가장 가까운 속담은 무엇인가요? (   )

① 엎드려 절 받기

② 보기 좋은 떡이 먹기도 좋다

③ 빈대 잡으려고 초가삼간 태운다

④ 하늘이 무너져도 솟아날 구멍이 있다

오늘의 낱말

다음 낱말을 소리 내어 읽어 보고 뜻을 살펴보세요.

갈등

서로 생각이 달라 부딪치는 것.

반려견

가족처럼 여기며 키우는 개.

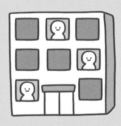

입주자

새로 지은 집 등에 들어가 사는 사람.

완화하다

긴장된 상태나 매우 급한 것을 느슨하게 함.

굵게 표시된 6개의 낱말 중 오늘 배운 4개의 낱말에 ○표 하세요.

최근 아파트 **입주자** 간에 **갈등**이 발생했다는 뉴스가 종종 보이고 있어요. 갈등의 원인은 대다수가 층간 **소음** 때문이에요. 층간 소음은 물건을 쿵 떨어뜨리는 소리나 **반려견**이 짖는 소리, 아이들이 뛰노는 소리, 가구를 끄는 소리 등으로 인해 발생해요. 층간 소음을 **완화하기** 위해서는 서로 **배려하고** 조심하는 마음이 필요해요.

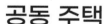 미리 쌓는 배경지식

공동 주택

- 🍃 아파트나 빌라처럼 한 건물 안에서 여러 사람이 각각 생활할 수 있게 만들어진 집을 말해요.
- 🍃 도시에 인구가 증가하면서 공동 주택이 늘어나기 시작했어요.
- 🍃 많은 사람들이 함께 생활하기 때문에 서로 배려하고 양보하는 마음이 필요해요.

도덕
서로 배려하는 사람이 됩시다

1문단 아파트와 같은 공동 주택에서는 이웃끼리 서로 ㉠얼굴을 붉히는 일이 종종 일어납니다. 바로 층간 소음 때문입니다. 층간 소음이란 공동 주택의 위아래 층에서 사람의 활동 등으로 발생하는 시끄러운 소리를 말합니다. 식탁 의자를 끄는 소리, 화장실 물 내리는 소리, 물건을 떨어뜨리는 소리, 애완동물이 내는 소리 등을 말하지요. 최근에는 공동 주택 •입주자 간 층간 소음 •갈등을 •완화하기 위한 단체까지 생길 정도로 •심각한 문제로 떠오르고 있습니다.

2문단 층간 소음을 줄이려면 어떻게 해야 할까요? 우선, 바닥에 매트 등을 깔고 생활하는 방법이 있습니다. 또한 바닥이 푹신한 실내화를 신고 •사뿐사뿐 걸어 다니고 물건을 떨어뜨리지 않도록 조심합니다. 악기를 연주할 때는 낮 시간에 하는 것이 좋고, 식탁 의자를 옮길 때는 끌지 말고 들어서 움직여야 합니다. 문은 살살 닫고, 화장실에서는 특히 더 조용히 해야 합니다.

3문단 공동 주택에 살고 있는 친구들이라면 부모님께 "뛰어다니지 말고 살금살금 걸어 다녀야 한다."라는 소리를 한 번씩은 들었을 것입니다. 아이들이 뛰어다니는 소리도 층간 소음을 일으키는 원인 중 하나입니다. 우리 집 바닥이 아랫집 천장이라는 점을 꼭 기억하고, 이웃을 •배려하는 마음으로 생활합시다.

이런 뜻이에요

- **입주자** 새로 지은 집 등에 들어가 사는 사람.
- **갈등** 서로 생각이 달라 부딪치는 것.
- **완화하기** 긴장된 상태나 매우 급한 것을 느슨하게 하기.
- **심각한** 상태나 정도가 매우 심하거나 중요한.
- **사뿐사뿐** 소리가 나지 않도록 가볍게 계속해서 걷는 모양.
- **배려하는** 관심을 가지고 보살펴 주거나 도와주는.

중심 내용

1 이 글은 무엇에 대해 주장하는 글인지 빈칸에 알맞은 말을 쓰세요.

· ☐☐☐☐ 을 줄이는 방법

 내용 요약

2 이 글을 다음과 같이 요약했어요. ㉮에 들어갈 말로 알맞은 것은 무엇인가요?

( )

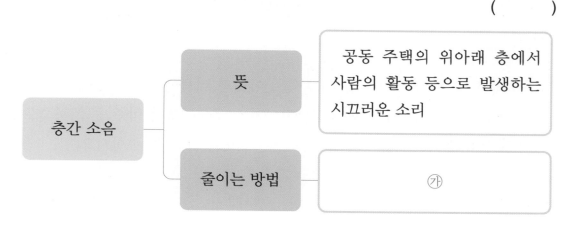

	뜻	공동 주택의 위아래 층에서 사람의 활동 등으로 발생하는 시끄러운 소리
층간 소음	줄이는 방법	㉮

① 매트 위에서 뜀박질을 한다.

② 실내에서는 푹신한 실내화를 신는다.

③ 저녁에는 조용히 리코더를 연주한다.

④ 욕조에서 동생과 신나게 물장난을 한다.

 어휘·표현

3 ㉠의 뜻을 알맞게 짐작한 것에 ○표 하세요.

(1) 얼굴빛이 붉게 변할 정도로 부끄럽다는 뜻이야. ( )

(2) 얼굴빛이 붉게 변할 정도로 화를 낸다는 뜻이야. ( )

 내용 추론

4 이 글에 4문단을 덧붙이려고 해요. 4문단에 이어질 내용을 바르게 말한 어린이는 누구인가요? ( )

①  층간 소음이 발생하는 원인이 무엇인지 써야겠어.

②  층간 소음으로 이웃과 갈등이 생겼을 때의 대처법을 써야겠어.

③  층간 소음으로 힘들 때 이웃에게 되갚아 줄 방법을 써야겠어.

행복한 공동 주택 만들기

더 좋은 아파트! 아름다운 우리 동네! 함께하는 공동체!

공동 주택 생활 예절 안내문

우리가 함께 생활하는 공동 주택은 이웃과 더불어 살아가는 공간입니다. 각 세대에서 *무심코 한 행동 하나하나가 이웃들에게는 아주 큰 고통으로 다가올 수 있습니다. 여러분! 아래와 같은 수칙을 꼭 지켜 주십시오.

– 아   래 –

☞ 베란다나 화장실에서 담배를 피우지 맙시다.

☞ 복도나 계단에 물건을 쌓거나 내버려두지 맙시다.

☞ 장애인 주차 구역에 일반 차량을 주차하지 맙시다.

☞ 창밖으로 쓰레기나 음식물 등을 던져 버리지 맙시다.

☞ *반려견 산책 시 반드시 목줄을 착용하고 *배설물을 치웁시다.

☞ 밤늦게 악기 연주, 운동 기구 사용, 청소기·세탁기 등을 ㉠돌리는 행위를 하지 맙시다.

20○○.10.31.

단빛아파트 관리사무소 소장

이런 뜻이에요

● **무심코** 아무런 뜻이나 생각이 없이.
● **반려견** 가족처럼 여기며 키우는 개.
● **배설물** 생물체가 몸 밖으로 내보내는 똥이나 오줌, 땀 같은 노폐물.

1 이 글의 특징으로 맞으면 ○표, 틀리면 ×표 하세요.

(1) 높임말을 사용해 격식을 표현하고 있다.   (   )

(2) 상대에게 원하는 바를 명확히 요청하고 있다.   (   )

(3) 줄임말을 사용해 자신의 뜻을 간단히 표현하고 있다.   (   )

2 공동 주택 생활 예절을 지킨 어린이는 누구인가요? (   )

① 자전거를 아파트 계단에 둔 진솔

② 밤늦게까지 피아노를 연주한 민준

③ 주말 낮에 자신의 방을 청소한 유나

④ 강아지 산책을 나가며 목줄을 깜박한 태웅

3 이 글과 보기 의 글을 읽고 난 뒤의 반응으로 알맞은 것은 무엇인가요? (   )

> 보기
>
> 깨진 유리창 이론이란 유리창이 깨진 자동차를 거리에 내버려두면 사람들이 그 자동차를 함부로 망가뜨리면서 무질서와 범죄가 널리 퍼질 수 있다는 이론이에요.

① 공동 주택에 유리창이 깨진 자동차를 주차해 두면 안 돼.

② 누군가 규칙을 어기면 법적인 처벌을 받을 수 있다는 것을 안내문에 적어 두어야 해.

③ 사소한 무질서를 내버려두면 더 큰 무질서가 돌아올 수 있으니 생활 예절을 잘 지켜야 해.

④ 평소 법이나 규칙을 잘 지키는 사람도 공동 주택에서 규칙을 지키지 않는 경우가 생길 수 있어.

4 다음 중 ㉠과 같은 뜻으로 사용된 낱말은 무엇인가요? (   )

① 팽이를 <u>돌리는</u> 채가 사라졌다.

② 새로 이사 왔다고 떡을 <u>돌리는</u> 이웃을 보았다.

③ 자신의 실수를 나에게 <u>돌리는</u> 동생이 정말 미웠다.

④ 재봉틀을 <u>돌리는</u> 세탁소 아주머니의 손길이 바빴다.

5일

다음 낱말을 소리 내어 읽어 보고 뜻을 살펴보세요.

꼬집다

어떤 사실에 대해 분명히 말해서 들춰내거나 지적함.

비판하다

무엇에 대해서 자세하게 따져 옳고 그름을 밝히거나 잘못된 점을 지적함.

참여하다

여러 사람이 같이 하는 어떤 일을 함께함.

풍자하다

문학 작품 등에서, 현실의 이치에 맞지 않는 일이나 바람직하지 못한 점을 빗대어 비웃으면서 씀.

 **오늘의 퀴즈**

다음 낱말과 알맞은 뜻을 줄로 이으세요.

꼬집다 ·

· 여러 사람이 같이 하는 어떤 일을 함께함.

비판하다 ·

· 어떤 사실에 대해 분명히 말해서 들춰내거나 지적함.

참여하다 ·

· 무엇에 대해서 자세하게 따져 옳고 그름을 밝히거나 잘못된 점을 지적함.

풍자하다 ·

· 문학 작품 등에서, 현실의 이치에 맞지 않는 일이나 바람직하지 못한 점을 빗대어 비웃으면서 씀.

 미리 쌓는 배경지식

탈놀이

- 탈을 쓴 등장인물이 춤을 추고 노래를 하며 이야기를 이끌어 가는 공연이에요.
- '탈'은 가면과 같이 얼굴을 감추거나 꾸미기 위해서 종이나 나무, 바가지 등으로 만든 물건이에요.
- '탈놀이'를 '탈춤'이라고도 불러요.

사회 백성들의 여가 생활

1문단 조선 시대의 백성들이 *여가 생활을 즐기기 위해 관심을 가진 것 중 하나가 바로 탈놀이예요. 탈놀이는 극의 연기자가 탈을 쓰고 관객과 함께 어울리는 *마당놀이예요. 탈놀이는 주로 사람이 많이 모이는 마당이나 장터 등에서 공연되었어요.

2문단 탈놀이에 *참여하는 연기자는 양반탈, 동물탈, 하인탈, 색시탈 등 다양한 탈을 써 변신할 수 있었어요. 탈을 써서 얼굴을 가렸기 때문에 일반 백성보다 신분이 높은 양반에게 가진 불만을 드러내고 사회 문제를 시원하게 *비판하기도 했어요. 양반의 잘못을 *우스꽝스럽게 연기하여 관객들의 웃음을 자아내기도 했어요. 이처럼 탈놀이는 백성들의 생각과 감정을 솔직하게 표현하여 많은 사랑을 받았지요.

3문단 탈놀이는 춤과 노래, 연기가 모두 함께 이루어지는 전통 예술이에요. 오늘날의 뮤지컬이나 오페라와도 비슷하다고 볼 수 있지요. 탈놀이에서 악사들이 음악을 연주하면, 연기자는 음악에 맞추어 춤추고 노래를 하거나 연기하며 대사를 말해요. 탈놀이의 내용과 탈의 종류, 춤의 형태는 지역마다 달랐지만 주로 백성들의 어려움, 양반을 *풍자하는 내용이 대부분이었다는 점은 비슷했어요.

4문단 탈놀이는 오늘날에도 전해지고 있는데, 봉산 탈춤, 하회 별신굿 탈놀이, 송파 산대놀이 등이 대표적이에요. 탈놀이는 '한국의 탈춤'이라는 이름으로 유네스코 인류무형문화유산에도 ㉠*등재되어 우리나라 전통문화를 국제 사회에 널리 알릴 수 있게 되었어요.

이런 뜻이에요

- **여가** 일을 하지 않는 시간 혹은 일하는 중간에 생기는 여유로운 시간.
- **마당놀이** 마당에서 벌어지는 민속놀이.
- **참여하는** 여러 사람이 같이 하는 어떤 일을 함께하는.
- **비판하기도** 무엇에 대해서 자세하게 따져 옳고 그름을 밝히거나 잘못된 점을 지적하기도.
- **우스꽝스럽게** 말이나 행동, 모습 등이 보통과 달라 우습게.
- **풍자하는** 문학 작품 등에서, 현실의 이치에 맞지 않는 일이나 바람직하지 못한 점을 빗대어 비웃으면서 쓰는.
- **등재되어** 이름 혹은 어떤 내용이 장부에 적혀 올려져.

1 이 글에서 가장 중심이 되는 낱말에 ○표 하세요.

| 백성 | 탈놀이 | 마당놀이 | 인류무형문화유산 |

 2 이 글의 내용을 다음과 같이 간추렸어요. ㉮, ㉯에 각각 알맞은 말을 쓰세요.

탈놀이
- _㉮_ 을 쓴 연기자가 관객과 함께 어울리는 마당놀이
- _㉯_ 에게 가진 불만을 드러내고 백성들의 생각과 감정을 표현한 내용
- 춤, 노래, 연기가 함께 이루어지는 전통 예술

• ㉮ _____ ㉯ _____

 3 탈놀이에 대한 설명으로 맞으면 ○표, 틀리면 ×표 하세요.

(1) 탈놀이에 참여하는 관객들도 탈을 써야 해요.   (   )

(2) 탈놀이의 연기자는 역할에 맞게 탈을 골라 쓸 수 있어요.   (   )

(3) 탈놀이는 오늘날의 뮤지컬과 비슷한 형식을 띠고 있어요.   (   )

 4 다음 중 ㉠과 바꾸어 쓸 수 없는 낱말은 무엇인가요? (   )

① 실리어

② 취소되어

③ 기재되어

④ 등록되어

봉산 탈춤을 봤어요

내 블로그 | 이웃 블로그 | 블로그 홈 ▼

덩실덩실 전통이 좋아

전통문화 지킴이

우리나라의 전통 문화에 관심을 가지고 이를 알리는 전통 문화 지킴이입니다.

+ 이웃 추가

목록 ▼
- - - - - - - - - - -
📄 전통문화

📄 인류무형문화유산

📄 세계 문화유산

전통문화 지킴이의 이번 글은 유네스코 인류무형문화유산에 등재된 '한국의 탈춤'이에요!

탈춤은 •풍년을 바라는 제사를 지내던 것에서부터 시작되어 발전해 왔어요. 처음에는 제사와 국가의 행사 등에서만 공연되다가 조선 시대 후기에 일반 백성들의 문화로 자리를 잡게 되었지요. 양반을 풍자하고, 잘못된 행동을 하는 모습을 •꼬집어 재미있게 표현해 백성들이 좋아했답니다.

저는 얼마 전 학교에서 한국민속촌으로 현장 체험 학습을 다녀왔는데 그곳에서 탈춤을 관람할 수 있었어요. 마당에서 벌어지는 탈춤을 보면서 저도 모르게 어깨춤이 •들썩들썩 절로 나지 뭐예요.

제가 관람한 탈춤은 봉산 탈춤이었는데요. 봉산 탈춤은 탈춤 중에서도 예술성이 높다는 평가를 받고 있대요. 양반과 스님, 할머니, 원숭이와 사자까지 다양한 탈을 구경할 수 있어서 재미있었어요! 특히 사자를 보고 겁에 질려 덜덜 떠는 스님의 모습이 우스웠어요.

이런 뜻이에요

- • **풍년**　농사가 잘되어 수확이 많은 해.
- • **꼬집어**　어떤 사실에 대해 분명히 말해서 들춰내거나 지적하여.
- • **들썩들썩**　엉덩이, 어깨 등이 자꾸 들렸다 내렸다 하는 모양.

1 글쓴이가 봉산 탈춤을 관람한 곳은 어디인지 ○표 하세요.

예술의전당   한국민속촌   서울대공원

2 이 블로그 게시 글을 통해 알 수 있는 사실로 알맞지 <u>않은</u> 것은 무엇인가요?

(   )

① 한국의 탈춤은 유네스코 세계 기록 유산으로 등재되었어요.
② 봉산 탈춤에는 양반, 스님, 할머니 등 다양한 인물이 등장해요.
③ 조선 시대 백성들은 탈춤을 통해 양반의 잘못을 비판하였어요.
④ 우리 조상들은 농사가 잘되길 바라는 마음으로 탈춤을 추었어요.

3 이 블로그의 글쓴이에 대한 설명으로 알맞지 <u>않은</u> 것은 무엇인가요? (   )

① 글쓴이는 탈춤을 보며 어깨춤을 추었어요.
② 글쓴이는 다양한 탈을 보고 겁에 질렸어요.
③ 글쓴이는 우리나라 전통문화에 관심이 있어요.
④ 글쓴이는 얼마 전 현장 체험 학습을 다녀왔어요.

4 이 블로그 게시 글과 보기 를 읽고 짐작한 내용으로 알맞은 것은 무엇인가요?

(   )

보기

양반 가문에서 태어난 도령의 탈은 코와 입이 왼쪽으로 삐뚤어진 모양을 하고 있어요.

▲ 도령탈

① 도령의 입술이 빨간색인 것을 보니 여자인 것 같아.
② 백성들이 양반을 무섭게 생각한다는 걸 나타낸 거야.
③ 사자를 보고 놀란 양반의 얼굴을 재미있게 표현한 거야.
④ 양반을 우스꽝스럽게 표현하려고 탈도 그렇게 만들었어.

2주

교과서 문해력과 실생활 문해력을
한번에 키워 보세요.

일자	오늘의 낱말	오늘의 읽을거리		스스로 평가
1일	• 겪다 • 귀가하다 • 쇠다 • 휘젓다	교과서	음력 1월 15일 '먹다'의 다양한 표현들	
2일	• 광고하다 • 벌어지다 • 보완하다 • 생산되다	교과서 실생활	도로에도 이름을 붙여요 집 주소가 두 개?	☺ ☺ ☹
3일	• 고체 • 찌꺼기 • 띠다 • 묽다	교과서 실생활	우리가 미처 몰랐던 똥 이야기 소변이 평소와 달라요	☺ ☺ ☹
4일	• 감회 • 친근감 • 어색하다 • 펴내다	교과서 실생활	선생님께 보내는 편지 인터넷 신조어, 사용해도 될까요?	☺ ☺ ☹
5일	• 박차다 • 방치하다 • 씩씩거리다 • 평범하다	교과서 실생활	올리버 트위스트 아동의 권리를 지켜요	☺ ☺ ☹

오늘의 낱말

다음 낱말을 소리 내어 읽어 보고 뜻을 살펴보세요.

겪다
중요하거나 어려운 일을 당하여 경험함.

귀가하다
집으로 돌아오거나 돌아감.

쇠다
명절, 기념일, 생일 등을 맞이하여 지냄.

휘젓다
이리저리 심하게 흔들어서 저음.

오늘의 퀴즈

빈칸에 들어갈 알맞은 낱말을 보기 에서 골라 쓰세요.

보기

겪다   귀가하다   쇠다   휘젓다

1 고통을 □□.

2 설날을 □□.

3 양팔을 크게 □□□.

4 수업을 마치고 □□□□.

미리 쌓는 배경지식

정월 대보름

🌿 음력 1월 15일, 한 해를 처음 시작하는 정월의 보름날을 이르는 말이에요.

🌿 밤에는 보름달을 보고 소원을 빌어요.

🌿 땅콩, 호두, 밤 등 부럼을 깨물어 먹고, 오곡밥과 여러 종류의 나물을 먹어요.

국어

음력 1월 15일

1문단 오늘은 정월 대보름이다. 우리나라는 설과 추석처럼 정월 대보름도 음력으로 *쇠는데, 음력 1월 15일이 오늘이라고 한다. 그래서 아침에 오곡밥을 먹었다. 오곡밥은 찹쌀 외에 콩, 수수, 팥, 조와 같은 곡식을 다섯 가지 이상 넣어 지은 밥이다. 나는 쌀밥을 더 좋아하지만, 정월 대보름에는 오곡밥과 나물을 같이 먹어야 한 해 동안 건강하게 지낼 수 있다고 아빠가 말씀하셨다. 그래서인지 특별한 음식을 먹는 것 같아 즐거웠다.

2문단 오곡밥을 먹고 학교에 갔더니 이준이가 나에게 "내 더위 사 가라!" 하며 손을 *휘저었다. 아직 추운 겨울인데 웬 더위 *타령? 이준이가 왜 그러는지 *짐작이 가지 않아 아무 말도 하지 않고 가만히 있었다. 그랬더니 이준이 옆에 있던 청아가 "너도 빨리 '더위팔기'를 해."라고 말했다. 정월 대보름에 더위를 팔아야 올해 여름에 더위를 먹지 않는다면서 말이다.

3문단 더위를 어떻게 먹는다는 건지 몰라도 뭔가 기분이 나빴다. 이준이가 나한테 자기 더위를 강제로 팔았으니 나는 올해 여름에 두 배로 더우면 어쩌지? 작년 여름에도 정말 더웠는데……. 그렇게 생각하고 보니 이준이가 너무 미웠다. 기분이 안 좋았던 나는 *귀가하자마자 학교에서 있었던 일을 엄마에게 일렀다. 그리고 '더위 먹다'의 뜻도 여쭤 보았다.

4문단 엄마는 '더위 먹다'라는 표현은 더위 때문에 몸 상태가 안 좋아졌다는 말이라고 알려 주시며 깔깔 웃으시더니 "우리 딸이 더위 안 먹도록 엄마가 우리 딸 더위 다 사 갈게."라고 하셨다. 아이참, 그러려고 말씀드린 게 아닌데…….

이런 뜻이에요

- **쇠는데** 명절, 기념일, 생일 등을 맞이하여 지내는데.
- **휘저었다** 이리저리 심하게 흔들어서 저었다.
- **타령** 어떤 소리나 말을 계속 되풀이하는 일.
- **짐작** 형편, 사정 등을 대강 헤아려 생각함.
- **귀가하자마자** 집으로 돌아오자마자.

1 이 글을 읽고, 알 수 있는 내용이 무엇인지 빈칸에 알맞은 말을 쓰세요.

• 정월 [　] [　] [　] 에 하는 일

2주
1일

2 이 글을 읽고, <u>틀린</u> 내용을 바르게 고쳐 쓰세요.

(1) 정월 대보름에는 ~~쌀밥~~을 먹어요.　　＼_____

(2) 정월 대보름에는 ~~추위팔기~~를 해요.　　＼_____

(3) 정월 대보름은 ~~양력~~ 1월 15일이에요.　　＼_____

3 다음은 '내'가 겪은 일을 순서대로 정리한 것입니다. ㉠에 들어갈 내용으로 알맞은 것은 무엇인가요? (　　　　)

| 아침으로 오곡밥을 즐겁게 먹었어요. | → | 학교에서 더위팔기 장난을 당해 기분이 나빴어요. | → | ㉠ |

① 엄마의 몸 상태가 안 좋아져서 마음이 아팠어요.

② 엄마가 내 더위를 다 사 간다고 하셔서 죄송했어요.

③ 엄마가 더위팔기의 뜻도 모르냐고 하셔서 화가 났어요.

④ 엄마가 학교에서의 일을 듣고 크게 웃으셔서 창피했어요.

4 다음 빈칸에 공통으로 들어갈 낱말은 무엇인가요? (　　　　)

• 겁_____

• 욕_____

• 마음_____

① 가다

② 내다

③ 먹다

④ 하다

'먹다'의 다양한 표현들

아이스크림 사전

🔍 '먹다'와 관련된 관용 표현

사전홈　영어　**국어**　한자　일본어　중국어　프랑스어　독일어　더보기 ▾

국수를 먹다

과거에는 음식 중 길이가 긴 국수처럼 신랑 신부가 *오래도록 사랑하길 바라면서 결혼식에 국수를 대접했어요. 그래서 국수를 먹는다는 말이 '결혼식을 올리다'를 의미해요.

마음을 먹다

무언가를 하겠다는 생각을 하는 것, 즉 '결심하다'를 의미하는 표현이에요. '마음먹다'로 더 많이 사용되는 말이에요.

미역국을 먹다

미역의 미끄러운 *촉감과 *식감에서 유래한 말로, '미역국을 먹다'는 시험이나 원하는 자리에서 떨어진다는 뜻으로 쓰여요.

애를 먹다

'몹시 수고스러움'을 의미하는 '애'와 '먹다'가 만나면 속이 상할 정도로 어려움을 *겪는 것을 뜻해요. '애먹다'로 쓸 수도 있어요.

이런 뜻이에요

- **오래도록**　시간이 많이 지나도록.
- **촉감**　어떤 것이 피부에 닿아 생기는 느낌.
- **식감**　음식을 씹거나 먹을 때 입안에 생기는 느낌.
- **겪는**　중요하거나 어려운 일을 당하여 경험하는.

1 밑줄 친 '먹다'가 '음식 등을 입을 통해 배 속에 들여보내다'의 의미로 쓰인 표현에 ○표 하세요.

더위 <u>먹다</u>　　　애를 <u>먹다</u>　　　미역국을 <u>먹다</u>

2 관용 표현과 뜻을 알맞게 줄로 이으세요.

국수를 먹다　·　　　·　결심하다.

미역국을 먹다　·　　　·　결혼식을 올리다.

마음을 먹다　·　　　·　시험이나 원하는 자리에서 떨어지다.

애를 먹다　·　　　·　속이 상할 정도로 어려움을 겪다.

3 이 국어사전을 참고하여 빈칸에 들어갈 말로 알맞은 것은 무엇인가요? (　　　)

엄마: 드디어 네 삼촌이 여자 친구가 생겼다고 하더구나!
나: _____

① 삼촌이 또 미역국 먹겠네요.
② 삼촌이 애를 먹는 중이군요.
③ 그러면 곧 국수 먹을 수 있는 거예요?
④ 우리도 마음을 단단히 먹어야 할까요?

4 다음 중 　보기　의 밑줄 친 말에 해당하는 것은 무엇인가요? (　　　)

보기

　관용어란 둘 이상의 낱말이 어울려 원래의 뜻과는 전혀 다른 뜻으로 굳어져서 쓰이는 표현을 말해요. '국수를 먹다', '마음을 먹다'와 같이 '<u>이 표현</u>'도 관용어에 해당하지요.

① 팔이 길다　　② 이를 닦다　　③ 목을 풀다　　④ 엉덩이를 긁다

오늘의 낱말

다음 낱말을 소리 내어 읽어 보고 뜻을 살펴보세요.

광고하다

사람들에게 널리 알림.

벌어지다

행사나 잔치 같은 자리가 열림.

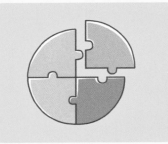

보완하다

부족하거나 모자란 것을 보충해 완전하게 함.

생산되다

사람이 생활하는 데에 필요한 물건이 만들어짐.

오늘의 퀴즈

다음 낱말과 알맞은 뜻을 줄로 이으세요.

광고하다 •

벌어지다 •

보완하다 •

생산되다 •

• 사람들에게 널리 알림.

• 행사나 잔치 같은 자리가 열림.

• 사람이 생활하는 데에 필요한 물건이 만들어짐.

• 부족하거나 모자란 것을 보충해 완전하게 함.

미리 쌓는 배경지식

도로

● 사람, 차 등이 잘 다니도록 만든 길이에요.

● 우리나라의 주소에는 '대로', '로', '길'이라는 도로의 이름이 쓰여요.

● 도로의 폭이 넓은 순서대로 나열하면 '대로, 로, 길'이에요.

도로에도 이름을 붙여요

1문단 주소를 살펴보면 도로에 이름이 있는 것을 확인할 수 있어요. 이러한 도로의 이름은 어떻게 지었을까요? 그 지역에 살았던 유명한 인물의 이름을 °따와 붙이거나, 위인의 업적을 기리기 위해 도로에 이름을 붙인 경우가 있어요. 예를 들어, 서울 종로구에 있는 '율곡로'는 조선 시대의 학자였던 율곡 이이가 살았던 길이어서 붙인 이름이에요. 서울 종로구에 있는 '세종로'는 세종 대왕의 업적을 기리는 의미에서 붙인 이름이지요. 서울 중구에 있는 '충무로' 역시 충무공 이순신 장군의 업적을 기리고자 따온 이름이에요.

2문단 그 지역의 음식을 °광고하기 위해 이름을 붙이는 경우도 있어요. 경남 창원시 마산합포구 진동면은 우리나라에서 미더덕이 가장 많이 °생산되는 곳이에요. 그래서 이곳에는 '미더덕로'라는 이름을 가진 도로가 있어요. 경남 창원시 마산합포구 오동동에는 아구찜 식당이 많아 '아구찜길'이라는 이름을 가진 도로도 있어요.

3문단 부산광역시에서는 사람들이 많이 찾는 사찰이자 관광지로 유명한 해동용궁사로 가는 길을 '용궁길'이라 부르고, 3·1 운동이 °벌어졌던 구포장터가 있는 길을 '구포만세길'이라 불러요. 이처럼 도로의 이름을 살펴보면 인물이나 음식 외에도 그 지역의 특성이나 역사를 알 수 있기도 해요. 이 밖에도 그 지역 근처에 위치한 산이나 절, 큰 건물의 이름을 따서 도로명을 짓는 경우도 많아요.

4문단 ⬜ ㉠ ⬜ '대로', '로', '길'의 차이는 무엇일까요? '대로'는 도로가 °왕복 8차로가 넘을 때 쓰여요. '로'는 도로가 왕복 2~7차로일 때, '길'은 도로가 왕복 2차로 미만일 때 쓰여요. 이러한 도로명을 알면 길이나 주변 건물을 쉽게 찾을 수 있답니다.

이런 뜻이에요

- **따와** 필요한 부분을 끌어와.
- **광고하기** 사람들에게 널리 알리기.
- **생산되는** 사람이 생활하는 데에 필요한 물건이 만들어지는.
- **벌어졌던** 행사나 잔치 같은 자리가 열렸던.
- **왕복** 갔다가 돌아옴.

1 이 글을 읽고, 무엇에 대해 쓴 글인지 찾아 ○표 하세요.

| 건물명 | 도로명 | 인물명 |

2 다음 중 ㉠에 들어갈 이어 주는 말로 알맞은 것은 무엇인가요? (   )

① 그런데

② 그래서

③ 그러나

④ 그러므로

3 이 글의 내용으로 알맞지 <u>않은</u> 것은 무엇인가요? (   )

① 도로명을 살펴보면 그 지역의 특성을 알 수 있다.

② 도로명을 살펴보면 그 지역의 자연환경을 알 수 있다.

③ 도로명을 살펴보면 그 지역의 고유한 역사를 알 수 있다.

④ 도로명을 살펴보면 그 지역에 살고 있는 사람을 알 수 있다.

4 이 글의 내용을 바탕으로 도로의 이름에 대해 <u>잘못</u> 이해한 어린이는 누구인가요?

(   )

① 노을: 봉은사로 근처에는 '봉은사'가 있어.

② 민영: 아차산로의 '아차산'은 실제 산 이름이야.

③ 지환: 충무로는 충무공 이순신 장군이 살았던 곳이야.

④ 혜은: 도산대로와 언주로 중에서 언주로가 더 좁은 도로야.

인 터 넷 게 시 글

집 주소가 두 개?

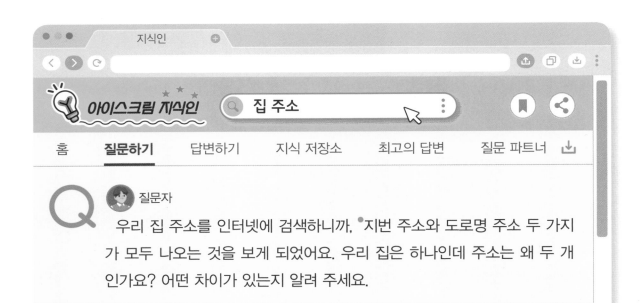

지식인

집 주소

홈   질문하기   답변하기   지식 저장소   최고의 답변   질문 파트너

Q 질문자

우리 집 주소를 인터넷에 검색하니까, °지번 주소와 도로명 주소 두 가지가 모두 나오는 것을 보게 되었어요. 우리 집은 하나인데 주소는 왜 두 개인가요? 어떤 차이가 있는지 알려 주세요.

답변자   💬 2

우리나라는 도로명 주소를 사용하기 이전에 1910년대에 만들어진 지번 주소라는 것을 사용했어요. 예를 들어 '서울특별시 서초구 양재동 215번지'와 같이 동과 번지를 주소에 사용한 것이 지번 주소예요. 그런데 지번 주소는 °위치를 빠르게 찾기 어렵다는 문제점이 있었어요. 이런 점을 °보완해 도로명 주소를 °도입했어요. 도로명 주소가 만들어지면서 '서울특별시 서초구 매헌로 16'과 같이 도로의 이름을 통해 건물의 위치를 더욱 쉽게 찾을 수 있게 되었지요.

도로명 주소는 도로에 이름을 붙인 다음 고유 건물 번호를 붙입니다. 도로의 시작부터 끝까지 왼쪽에는 홀수, 오른쪽에는 짝수로 차례대로 건물 번호를 붙여요. ⎡　　ㄱ　　⎤ 건물의 입구에는 건물 번호를 나타내는 °안내판을, 길이 시작하고 끝나는 곳에는 도로명 안내판을 붙여 위치를 쉽게 찾을 수 있게 했지요.

이런 뜻이에요

- **지번** 땅의 일정한 구역을 표시한 번호.
- **위치** 일정한 곳에 자리를 차지함. 또는 그 자리.
- **보완해** 부족하거나 모자란 것을 보충해 완전하게 해.
- **도입했어요** 기술, 방법, 물건이나 재료 등을 끌어 들였어요.
- **안내판** 어떤 내용 혹은 일을 소개하거나 알리는 글이 붙은 판.

1 이 글을 읽고, ㉮와 ㉯에 들어갈 알맞은 말을 쓰세요.

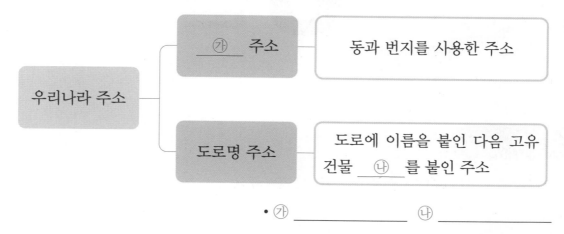

• ㉮ _____ ㉯ _____

2 이 글을 참고하여 경복궁의 도로명 주소를 순서대로 쓰세요.

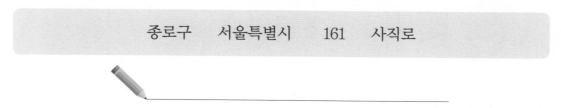

3 이 글을 참고하여 빈칸에 알맞은 도로명 주소의 숫자를 각각 쓰세요.

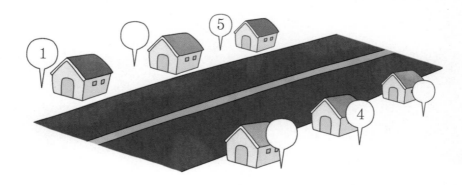

4 다음 중 ㉠에 들어갈 이어 주는 말로 알맞은 것은 무엇인가요? (   )

① 그러나

② 그리고

③ 그런데

④ 그러므로

3일

오늘의 낱말

다음 낱말을 소리 내어 읽어 보고 뜻을 살펴보세요.

고체

일정한 굳은 모양과 부피를 가지고 있어 만지고 볼 수 있는 물질.

찌꺼기

액체 속에 있다가 액체가 다 빠진 뒤 바닥에 남은 나머지.

띠다

어떠한 빛깔을 나타내거나 지님.

묽다

반죽이나 죽 등이 보통 정도에 비해 지나치게 물기가 많음.

오늘의 퀴즈

빈칸에 들어갈 알맞은 낱말을 [보기] 에서 골라 쓰세요.

보기

고체	찌꺼기	띠다	묽다

1 밀가루 반죽이 ☐☐.

2 장미가 붉은빛을 ☐☐.

3 지우개는 ☐☐의 성질을 가지고 있다.

4 커피 ☐☐☐를 쓰레기통에 버렸다.

미리 쌓는 배경지식

배설

- 생물체가 몸속에 생긴 노폐물을 몸 밖으로 내보내는 것이에요.
- 우리의 몸은 소변, 대변, 땀 등으로 노폐물을 내보내요.
- 대변은 우리의 몸에서 에너지로 바뀌지 못한 것들이 쌓여 있다가 몸 밖으로 밀려 나오는 것이에요.

과학

우리가 미처 몰랐던 똥 이야기

1문단 우리의 몸은 영양소를 섭취한 뒤 쓰고 남은 *찌꺼기를 몸 밖으로 내보내요. 이것을 배설이라고 해요. 그리고 배설물 중 *고체 ㉠덩어리를 대변이라고 해요. 똥이라고 부르기도 하지요. 대변은 덩어리 그 자체로 보이지만 물이 전체 *성분 중 약 70%를 차지한답니다.

2문단 우리는 화장실에서 날마다 대변의 상태를 확인할 수 있어요. 어떨 때는 평소보다 대변의 상태가 딱딱하기도 하고 어떨 때는 *묽기도 하지요. 대변은 물을 얼마나 *포함하고 있느냐에 따라 상태가 달라져요. 대변의 약 80%가 물이면 묽은 변이 되고, 85%가 넘어가면 *설사가 되지요. 대변에 포함된 물의 양이 적으면 어떻게 될까요? 물이 대변의 약 40~60% 정도밖에 없으면 딱딱한 변이 돼요. 이런 대변이 대장에서 오랫동안 굳어 있으면서 밖으로 잘 나오지 않는 상태를 변비라고 해요.

3문단 대변을 이루고 있는 성분 중 물이 아닌 나머지는 무엇일까요? 바로 세균과 음식물 찌꺼기예요. 그중 세균 덩어리의 색깔이 갈색이기 때문에 대변의 색깔은 보통 갈색을 *띠어요. 하지만 어떤 음식을 먹었는지에 따라서 대변의 색깔이 달라지기도 해요. 녹색 채소를 많이 먹었을 때 대변의 색깔이 초록색을 띠기도 하는 것처럼 말이지요.

4문단 하지만 대변의 색깔이 음식과 관계가 없을 수도 있어요. 만약 대변의 색깔이 까맣거나 빨간 피가 대변과 섞여 나온다면 병에 걸린 것일 수도 있으니 서둘러 병원에 가야 해요. 대변의 색깔은 몸 상태에 따라서도 달라지기 때문이에요.

이런 뜻이에요

- **찌꺼기** 액체 속에 있다가 액체가 다 빠진 뒤 바닥에 남은 나머지.
- **고체** 일정한 굳은 모양과 부피를 가지고 있어 만지고 볼 수 있는 물질.
- **성분** 화합물 혹은 혼합물을 구성하는 각각의 물질이나 원소.
- **묽기도** 반죽이나 죽 등이 보통 정도에 비해 지나치게 물기가 많기도.
- **포함하고** 어떤 범위나 무리에 함께 넣거나 들어가게 하고.
- **설사** 장에서 음식물을 소화하는 데에 이상이 생겨서 누는 물기가 많은 똥.
- **띠어요** 어떠한 빛깔을 나타내거나 지녀요.

1 이 글을 읽고, 무엇에 대해 쓴 글인지 찾아 ○표 하세요.

대변	땀	소변

2 각 문단의 중심 내용으로 알맞은 것을 줄로 이으세요.

1문단 •

2문단 •

3문단 •

4문단 •

• 배설물 중 대변의 실제 성분은 70%가 물이에요.

• 대변은 보통 갈색이지만 먹은 음식에 따라 색깔이 달라지기도 해요.

• 대변에 물이 얼마나 포함되어 있느냐에 따라 대변의 상태가 달라져요.

• 먹은 음식이 아니라 몸 상태에 따라서도 대변의 색깔이 달라져요.

3 대변에 대한 설명으로 맞으면 ○표, 틀리면 ×표 하세요.

(1) 대변에 피가 섞여 나온다면 병원에 가야 해요. (   )

(2) 대변은 세균 덩어리의 색깔에 따라 주로 초록색을 띠어요. (   )

(3) 대변이 대장에서 오랫동안 굳어 있으면서 밖으로 잘 나오지 않는 상태를 변비
라고 해요. (   )

4 ㉠과 비슷한 뜻을 가진 낱말이 <u>아닌</u> 것을 찾아 ○표 하세요.

덩이	뭉치	가락

대화

소변이 평소와 달라요

 진호

선생님! 화장실에서 소변을 봤는데, 소변에 거품이 좀 섞여 있었어요. ㉠저, 병에 걸린 걸까요?

 의사

소변에 *단백질이 섞여서 나오면 거품이 있을 수 있어요. 색깔은 어땠나요? *무색이었나요? 소변 색깔은 물처럼 투명하기도 하고 노란색이나 황갈색일 수도 있어요.

 진호

엄청 진한 노란색이었어요.

 의사

계속 진한 노란색 소변이 나오면 검사를 합시다. 몸 상태가 안 좋다는 신호일 수도 있으니까요. 오늘 본 소변의 냄새가 코를 톡 쏘지 않았으면 괜찮을 거예요. 만약 톡 쏘는 냄새가 나면 세균 *감염이 된 것일 수도 있어서 약을 먹어야 해요.

 진호

냄새가 나진 않았어요! ㉡그럼, 괜찮은 거겠죠?

이런 뜻이에요

- **단백질** 생물의 세포를 구성하고 에너지를 공급하는 주요 영양소.
- **무색** 아무 빛깔이 없음.
- **감염** 병균이 동식물의 몸속으로 들어가 퍼짐.

1 이 대화에서 알 수 있는 소변의 색깔이 <u>아닌</u> 것을 찾아 ○표 하세요.

| 황갈색 | 노란색 | 보라색 |

2 진호의 소변 상태로 알맞지 <u>않은</u> 것은 무엇인가요? (   )

① 거품이 섞인 소변

② 냄새가 나지 않는 소변

③ 평소보다 양이 많은 소변

④ 진한 노란색을 띠는 소변

3 이 대화를 통해 알 수 있는 사실로 알맞지 <u>않은</u> 것은 무엇인가요? (   )

① 소변의 색깔은 때때로 달라질 수 있어요.

② 소변에 단백질이 섞여 나올 때가 있어요.

③ 소변에서 톡 쏘는 냄새가 나면 세균 감염이 된 것일 수 있어요.

④ 진한 노란색 소변을 계속 보는 것은 매우 건강하다는 증거예요.

4 ㉠과 ㉡에서 각각 짐작할 수 있는 진호의 마음으로 알맞은 것은 무엇인가요?

(   )

① ㉠ - 설렘.   ㉡ - 안도함.

② ㉠ - 설렘.   ㉡ - 지루함.

③ ㉠ - 걱정됨.   ㉡ - 뿌듯함.

④ ㉠ - 걱정됨.   ㉡ - 안도함.

2주

4일

 오늘의 **낱말**

다음 낱말을 소리 내어 읽어 보고 뜻을 살펴보세요.

감회
마음속에 일어나는 지난 일에 대한 생각이나 느낌.

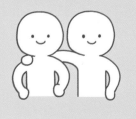

친근감
사귀어 지내는 사이가 아주 가까운 느낌.

어색하다
잘 모르거나 아니면 별로 만나고 싶지 않았던 사람과 마주 대하여 자연스럽지 못함.

펴내다
책이나 신문 등을 만들어서 세상에 내놓음.

오늘의 퀴즈

다음 낱말 퍼즐에서 오늘 배운 4개의 낱말을 찾아 ○표 하세요.

친	근	감	나	무
구	거	회	어	부
펴	내	다	색	깔
다	리	미	하	늘
스	티	커	다	홍

미리 쌓는 배경지식

일제 강점기

- 1910년부터 1945년 해방되기까지 우리나라가 국권을 일본에 빼앗겼던 시대를 의미해요.
- 이 시기 일본은 우리나라 사람들에게 경제적, 정신적으로 많은 고통을 주었어요.
- 우리나라 사람들은 일본에게서 독립하기 위해 여러 가지 독립운동을 펼쳤어요.

교과서 문해력

선생님께 보내는 편지

1문단 안녕하세요, 최현배 선생님. 선생님께서 세상을 떠나신 지 벌써 50년이 넘었어요. 선생님께서 지켜 주신 한글로 이렇게 편지를 쓸 수 있게 되어 °감회가 새로워요. 저는 한글을 만든 세종 대왕님도 훌륭하다고 생각하지만, 우리말을 지키느라 고생하신 최현배 선생님도 대단하다고 생각해요.

2문단 선생님께서는 일제 강점기의 힘든 상황에도 '조선어 °학회'에서 우리말과 글을 연구하셨지요. 그리고 국민들이 우리말을 잊지 않도록『조선어 사전』을 °펴내기 위해 노력하셨어요. 그때 당시 일본은 우리나라 사람들에게 일본어만 쓰도록 °강요하였고, 일본어가 아닌 우리말을 쓰면 폭력을 사용하였어요. 정말 무서운 세상이었을 것 같아요. 그런 상황 속에서도 우리말과 글을 연구하고 사전 만들기를 그만두지 않으신 선생님은 정말 존경을 받아야 하는 분이에요.

3문단 1942년에는 조선어 학회가 독립운동 단체라는 오해를 받아 감옥에 갇히면서 °고문을 당하기도 하셨지요. 고문으로 인해 목숨을 잃는 °동료들까지 있었으니 선생님께서 얼마나 힘드셨을지 정말 상상도 할 수 없어요. 그렇게 조선어 학회의 우리말 연구도, 사전 만들기도 잠시 중단되었지만, 우리나라가 광복을 맞이한 뒤 다시 활동을 시작하셨다고 들었어요. 그리고 선생님께서는 포기하지 않으시고 여섯 권이나 되는『큰사전』을 펴내셨지요. 그 외에도 여러 강연을 다니시면서 끊임없이 한글을 알리는 데 힘쓰셨고요.

4문단 오늘날, 선생님과 조선어 학회 동료들이 힘겹게 지켜 온 한글이 인터넷 °신조어와 욕설 등으로 올바르게 쓰이지 못해 안타까운 마음이 들어요. 저라도 아름다운 우리말과 글을 지켜 나갈 수 있도록 노력해 볼게요.

이런 뜻이에요

- **감회** 마음속에 일어나는 지난 일에 대한 생각이나 느낌.
- **학회** 학문을 깊이 있게 연구하고 발전하도록 하기 위해 공부하는 사람들이 만든 모임.
- **펴내기** 책이나 신문 등을 만들어서 세상에 내놓기.
- **강요하였고** 어떤 일을 강제로 요구하였고.
- **고문** 숨기고 있는 사실을 강제로 알아내기 위해 여러 신체적, 정신적 고통을 주며 물음.
- **동료** 같은 직장이나 같은 부문에서 함께 일하는 사람.
- **신조어** 새로 생겨난 말.

1 이 글의 중심 내용이 무엇인지 빈칸에 알맞은 말을 쓰세요.

• 우리말과 글을 지킨 ☐☐☐ 선생님과 조선어 학회

2 최현배 선생님이 겪은 일을 순서대로 골라 빈칸에 기호를 쓰세요.

> (가) 일본이 우리나라를 빼앗았어요.
> (나) 우리나라가 광복을 맞이했어요.
> (다) 여섯 권의 『큰사전』을 펴냈어요.
> (라) 조선어 학회에서 우리말과 글을 연구했어요.
> (마) 조선어 학회가 독립운동 단체라는 오해를 받아 감옥에 갇혔어요.

• ((가)) → (   ) → (   ) → (   ) → (   )

3 이 글을 통해 알 수 있는 내용으로 알맞은 것은 무엇인가요? (   )

① 일본의 고문으로 목숨을 잃는 사람들이 있었어요.
② 조선어 학회의 연구는 중단된 적 없이 쭉 이어져 오고 있어요.
③ 최현배 선생님은 강연을 다니시며 일본어를 널리 알리셨어요.
④ 일제 강점기에 국민들은 일본어와 우리말을 자유롭게 사용했어요.

4 최현배 선생님이 사전을 펴낸 이유는 무엇인가요? (   )

① 편지를 쓸 때 도움이 되기 때문이에요.
② 지나친 영어 사용을 줄이기 위해서예요.
③ 한글을 사용하는 것이 편리하기 때문이에요.
④ 일본으로부터 우리말과 글을 지키기 위해서예요.

SNS
인터넷 신조어, 사용해도 될까요?

📷 **POST** ✈

♡ ○ ▽   🔖

윤연아   오늘 친구들과 이야기하다가 어떤 말을 처음 들었는데, 인터넷 신조어라고 했어. 친구들 중에서 나만 그 말을 모르는 것 같아서 굉장히 *어색하고 소외감까지 ㉠들었어. 한글을 파괴하는 신조어를 쓰지 않았으면 좋겠어. 특히 어른들은 인터넷 신조어를 모르는 경우가 많아 젊은 사람들과의 *소통에 방해가 되기도 해. 또 인터넷 신조어의 *대다수는 한글 맞춤법이 잘못 사용되기 때문에 학생들이 올바른 한글 맞춤법을 익히는 데 나쁜 영향을 준다고 생각해.

1일 전

🏠   🔍   ➕   ♡   👤

📷 **POST** ✈

♡ ○ ▽   🔖

주승현   오늘 인터넷 신조어를 사용하지 말자는 연아의 글을 보았어. 그런데 내 의견은 달라. 인터넷 신조어는 간단하고 재미있게 내 감정과 기분을 표현할 수 있어서 딱딱한 분위기를 부드럽게 풀어 주기도 해. 인터넷 신조어를 사용하면 서로에게 *친근감을 느끼기도 쉬워. 그리고 인터넷 신조어에는 한글을 파괴하는 경우만 있는 것은 아니야. 긍정적인 표현도 많이 있어서 잘 사용하면 오히려 한글 표현이 풍성해질 수 있다는 것이 내 생각이야.

30분 전

🏠   🔍   ➕   ♡   👤

이런 뜻이에요

- **어색하고**   잘 모르거나 아니면 별로 만나고 싶지 않았던 사람과 마주 대하여 자연스럽지 못하고.
- **소통**   막히지 아니하고 서로 잘 통함.
- **대다수**   거의 모두 다.
- **친근감**   사귀어 지내는 사이가 아주 가까운 느낌.

1 이와 같은 글을 쓴 까닭은 무엇인가요? (   )

① 인터넷 신조어를 사용하기 위하여

② 인터넷 신조어를 새롭게 만들기 위하여

③ 인터넷 신조어를 어른들에게 소개하기 위하여

④ 인터넷 신조어에 대한 자신의 의견을 알리기 위하여

2 다음은 인터넷 신조어 사용에 대한 의견입니다. 찬성의 의견에는 '찬', 반대의 의견에는 '반'을 쓰세요.

(1) 한글 표현이 풍성해진다.   (   )

(2) 친근감을 느끼게 해 준다.   (   )

(3) 세대 간 소통에 방해가 된다.   (   )

3 다음 (   ) 안에 들어갈 알맞은 말을 골라 ○표 하세요.

> 승현이가 자신의 SNS에 글을 쓴 이유는 연아의 생각에 (동의 / 반박)을/를 하기 위해서이다.

4 다음 중 ㉠과 같은 뜻으로 사용된 낱말은 무엇인가요? (   )

① 불길한 생각이 들었어.

② 설악산에 단풍이 들었어.

③ 남부 지방에 가뭄이 들었어.

④ 새로 산 옷이 마음에 들었어.

5일

 오늘의 낱말

다음 낱말을 소리 내어 읽어 보고 뜻을 살펴보세요.

박차다

발길로 힘껏 밀치거나 참.

방치하다

무관심하게 그대로 내버려둠.

씩씩거리다

숨을 매우 거칠고 가쁘게 쉬는 소리를 계속 냄.

평범하다

특별하거나 뛰어난 점이 없이 보통임.

오늘의 퀴즈

빈칸에 들어갈 알맞은 낱말을 보기 에서 골라 쓰세요.

보기

박차다   방치하다   씩씩거리다   평범하다

1 방문을 ☐☐☐ .

2 외모가 ☐☐☐☐ .

3 화가 나서 ☐☐☐☐☐ .

4 고장 난 시계를 그대로 ☐☐☐☐ .

미리 쌓는 배경지식

《올리버 트위스트》

- 《올리버 트위스트》는 영국의 작가 찰스 디킨스의 소설이에요.
- 《올리버 트위스트》의 작은 제목은 '고아원 아이의 여행'이에요.
- 《올리버 트위스트》가 발표된 시기의 영국은 아동에게도 일하기를 강요했어요.

올리버 트위스트

1문단 "더 이상 이렇게 살 순 없어!"

올리버는 *씩씩거리며 자리를 *박차고 일어났어요. 배가 고파서 밥을 더 달라고 한 게 죄라니……. 너무 억울해서 눈물이 났어요. 고아원 원장에게 얻어맞은 온몸이 다 쑤셨어요.

'내가 원해서 이렇게 태어난 게 아니란 말이야! 난 겨우 열 살이라고!'

올리버는 아빠가 누군지도 몰랐어요. 엄마는 자신을 낳고 바로 숨을 거두는 바람에 고아원으로 오게 되었다는 것만 알았어요. 부잣집은 아니더라도 *평범하게 엄마, 아빠가 있는 집에서 태어났으면 어땠을까? 생각할수록 슬픈 마음만 커져 갔어요.

2문단 다음 날, 올리버는 말을 듣지 않았다는 이유로 고아원에서 쫓겨나 *장의사에게 팔려 가게 되었어요. 장의사의 일을 도우면서 조금은 생활이 괜찮아질 줄 알았지만, 장의사가 자신에게 행하는 *학대와 폭력에서 벗어날 순 없었어요. 이대로 참다가는 장의사에게 매를 맞아 죽을 것 같았어요.

3문단 올리버는 장의사를 피해 대도시 런던으로 도망쳤어요.

'대도시에는 내가 할 수 있는 일이 있을 거야! 편안한 잠자리도 얻을 수 있겠지?'

기대를 하고 찾아간 런던에서 올리버가 만난 건 *소매치기 집단의 우두머리인 페이긴 영감이었어요. 갈 곳도 먹을 것도 없는 올리버는 결국 페이긴 영감에게 소매치기 방법을 배울 수밖에 없었어요. 나쁜 짓이라는 것을 알면서도 소매치기를 하지 않으면 쫄쫄 굶어야 했기 때문이에요. 올리버는 어른들에게 매를 맞고 고통받았던 과거의 삶으로 다시 돌아가고 싶지 않았어요.

이런 뜻이에요

- **씩씩거리며** 숨을 매우 거칠고 가쁘게 쉬는 소리를 계속 내며.
- **박차고** 발길로 힘껏 밀치거나 차고.
- **평범하게** 특별하거나 뛰어난 점이 없이 보통으로.
- **장의사** 장례에 필요한 물건을 팔거나, 장례를 지내는 일을 맡아서 해 주는 곳. 또는 그런 일을 하는 사람.
- **학대** 정신적, 육체적으로 괴롭히고 못살게 굶.
- **소매치기** 남의 주머니 혹은 가방에서 돈, 물건 등을 몰래 훔치는 짓. 또는 그런 사람.

1 이 글을 읽고, 중심 내용으로 알맞은 것을 찾아 ○표 하세요.

| 힘들었던 올리버의 삶 | 겁이 많은 소년, 올리버 | 올리버를 도와준 사람들 |

 2 이 글을 통해 올리버에 대해 알 수 있는 것을 찾아 ○표 하세요.

(1) 올리버는 장의사 일이 잘 맞지 않았어요.   (   )

(2) 올리버는 스스로 고아원에서 도망쳤어요.   (   )

(3) 올리버는 부모님이 안 계셔서 고아원에서 자랐어요.   (   )

 3 이 글과 〔보기〕를 읽고 난 뒤의 반응으로 알맞지 <u>않은</u> 것은 무엇인가요? (   )

〔보기〕

　인권은 사람이라면 태어나면서부터 누구나 가지는 권리예요. 하지만 어린이 인권은 지켜지기 어려운 경우가 많아요. 어른들은 반드시 어린이를 보호하고 배려해야 하며, 그들이 가진 권리를 인정해야 해요.

① 올리버에게도 인권이 있는데, 어른들은 이것을 무시했어.

② 소매치기가 되기로 한 올리버의 인권을 인정해 줘서는 안 돼.

③ 어린이에게 힘든 노동을 시키고 학대하는 것은 인권을 무시하는 행동이야.

④ 올리버의 인권을 지켜 주는 어른이 있었더라면 올리버도 소매치기를 하지 않았을 거야.

4 〔보기〕를 읽고, ㉠이 가리키는 말이 무엇인지 이 글에서 찾아 쓰세요.

〔보기〕

　과거에 입던 남자 한복 중 두루마기는 소매가 넓었어요. 양반들은 그 안에 동전이나 중요한 서류 등을 넣고 다녔지요. 그 당시 도둑들은 이 소매를 노려 그 안에 든 물건을 재빠르게 훔쳤어요. 바로 '소매를 치며 물건을 꺼내 간다'는 의미에서 ㉠이 낱말이 생기게 되었어요.

 아 동 권 리 카 드

아동의 권리를 지켜요

아동은 ㉠만 18세 미만의 모든 사람을 의미해요.

어떤 이유가 있든 아동을 *차별해서는 안 돼요.

가정에서 아동을 잘 지도하도록 나라가 지원해야 해요.

아동에게는 자유롭게 의견을 이야기할 권리가 있어요.

아동에게는 사생활을 보호받을 권리가 있어요.

아동을 ㉡방치하지 않도록 나라가 보호해야 해요.

이런 뜻이에요

- **차별해서는** 둘 이상을 똑같이 대하지 않고 차이를 두어 구별해서는.
- **방치하지** 무관심하게 그대로 내버려두지.

1 이 카드를 만든 목적은 무엇인가요? (   )

① 아동이 누려야 할 권리를 알리기 위해서

② 아동이 지켜야 할 의무를 알리기 위해서

③ 아동을 학대하면 받는 처벌을 알리기 위해서

④ 아동에 대한 나라의 지원 정책을 알리기 위해서

2 ㉠에 해당하지 <u>않는</u> 사람은 누구인가요? (   )

① 아기

② 아이

③ 청년

④ 어린이

3 이 카드의 내용을 지킨 사람은 누구인가요? (   )

① 딸의 비밀 일기를 몰래 훔쳐본 엄마

② 가족회의에서 자녀의 의견을 듣지 않는 아빠

③ 학생이 학교에 제대로 등교하는지 확인한 선생님

④ 인종과 종교, 경제적 수준에 따라 반 편성을 한 교장 선생님

4 다음 중 ㉡과 바꾸어 쓸 수 <u>없는</u> 낱말은 무엇인가요? (   )

① 놔두지

② 버려두지

③ 건드리지

④ 내팽개치지

3주

교과서 문해력과 실생활 문해력을
한번에 키워 보세요.

일자	오늘의 낱말	오늘의 읽을거리	스스로 평가
1일	• 노 • 식료품 • 해상 • 개조하다	교과서 세계 사람들은 어떻게 이동할까? 실생활 배를 타고 둘러보는 베네치아	😆 🙂 🙁
2일	• 단서 • 분석 • 현장 • 해결하다	교과서 떨어진 머리카락 실생활 베토벤의 죽음과 머리카락	😆 🙂 🙁
3일	• 기름지다 • 정화하다 • 황폐하다 • 흡수하다	교과서 바다에도 숲이 있다고? 실생활 물새 ㅣ 방정환	😆 🙂 🙁
4일	• 기온 • 폭염 • 필수 • 내리쬐다	교과서 부채의 여덟 가지 사용법 실생활 더위의 습격	😆 🙂 🙁
5일	• 기울이다 • 떨치다 • 이르다 • 혼인하다	교과서 조선 시대의 시인 허난설헌 실생활 허난설헌의 부탁	😆 🙂 🙁

1일

오늘의 낱말

다음 낱말을 소리 내어 읽어 보고 뜻을 살펴보세요.

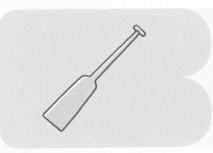

노

물속에 넣고 휘저어서 배를 앞으로 나아가게 하는 도구.

식료품

음식의 재료가 되는 먹을거리.

해상

바다의 위.

개조하다

고쳐 만들거나 바꿈.

다음 낱말과 알맞은 뜻을 줄로 이으세요.

노 ·

식료품 ·

해상 ·

개조하다 ·

· 바다의 위.

· 고쳐 만들거나 바꿈.

· 음식의 재료가 되는 먹을거리.

· 물속에 넣고 휘저어서 배를 앞으로 나아가게 하는 도구.

 미리 쌓는 배경지식

이동 수단

🌿 사람이 오고 가거나 물건을 옮기는 데 이용하는 것들을 말해요.

🌿 옛날의 이동 수단은 말, 가마, 뗏목, 돛단배, 소달구지, 지게, 인력거 등이었어요.

🌿 오늘날 대표적인 이동 수단에는 자동차, 지하철, 비행기 등이 있어요.

사회

세계 사람들은 어떻게 이동할까?

1문단 우리는 어디론가 가기 위해 다양한 이동 수단을 이용해요. 자동차나 배, 비행기를 타기도 하고, 케이블카나 리프트처럼 *특별한 이동 수단을 이용하기도 하지요. 바다나 강이 있는 지역의 이동 수단과 높은 산이 있는 지역의 이동 수단은 다를 수 있어요. 사람들은 저마다 고장의 자연환경이나 생활의 필요에 따라 *적절한 이동 수단을 개발하여 이용하기 때문이지요. 각 나라의 다양한 이동 수단을 살펴보면 그 나라의 특징과 역사를 알 수 있어요. 그럼, 세계 곳곳의 이동 수단은 무엇이 있을지 살펴볼까요?

2문단 가장 먼저, 필리핀에는 '지프니'라는 이동 수단이 있어요. 지프니는 우리나라의 시내버스와 같은 역할을 하는 대중교통이에요. 제2차 세계 대전이 끝나고 *미군은 필리핀에 여러 대의 군용 *지프차를 두고 떠났어요. 필리핀 사람들은 남겨진 차를 많은 사람들이 탈 수 있도록 *개조하고 알록달록하게 색을 칠했어요. 이렇게 대중교통으로 거듭난 지프니는 적게는 10여 명, 많게는 50여 명까지 태울 수 있어요.

3문단 사막에서는 낙타를 중요한 이동 수단으로 이용해요. 낙타의 발바닥은 모래 위를 걸어 다니기에 알맞고, 낙타의 속눈썹은 두 줄로 길게 나 있어 눈에 모래 먼지가 들어가지 않아요. 또한 낙타는 오랫동안 물을 마시지 않고도 버틸 수 있기 때문에 이동 수단으로 유용해요.

4문단 인도, 방글라데시 등 동남아시아에는 '릭샤'라는 이동 수단이 있어요. 본래 릭샤는 사람이 직접 승객을 태운 수레를 끄는 인력거였지만, 지금은 거의 사라지고 자전거를 고쳐 만든 사이클릭샤나 엔진을 장착한 오토릭샤가 대부분이에요. 이러한 릭샤는 *서민들의 소중한 이동 수단이자 가난한 사람들의 생계 수단이랍니다.

이런 뜻이에요

- **특별한** 보통과 구별되게 다른.
- **적절한** 아주 딱 알맞은.
- **미군** 미국 군대. 또는 미국 군인.
- **지프차** 험한 땅에서도 잘 달리도록 네 바퀴의 힘으로 움직이는 자동차.
- **개조하고** 고쳐 만들거나 바꾸고.
- **서민** 경제적으로 중간층 아래인 넉넉하지 못하게 사는 사람.

중심 내용
1 이 글은 무엇에 대해 설명하는 글인지 빈칸에 알맞은 말을 쓰세요.

• 세계의 다양한 이동 ⬜⬜

세부 내용
2 이 글의 내용으로 맞으면 ○표, 틀리면 ✕표 하세요.

(1) 동물도 이동 수단이 될 수 있어요.   (   )

(2) 릭샤는 부유한 사람들만 탈 수 있어요.   (   )

(3) 제2차 세계 대전 당시 미군은 필리핀에 있었어요.   (   )

내용 추론
3 이 글과 ⟨보기⟩를 읽고 난 뒤의 반응으로 알맞은 것은 무엇인가요? (   )

⟨보기⟩

  울릉도는 산이 가파르고 겨울에 눈이 많이 오기 때문에 일반 택시가 다니기 어려워 지프 택시를 이용해요.

① 필리핀도 겨울에 눈이 많이 와서 지프니를 이용하기 시작했구나.

② 울릉도의 자연환경이 특별한 이동 수단을 만들었구나.

③ 필리핀에는 지프니가 있으니 일반 택시가 다니지 못하겠구나.

어휘·표현
4 빈칸에 들어갈 알맞은 낱말을 ⟨보기⟩에서 골라 문장에 어울리게 써넣으세요.

⟨보기⟩

다양하다   특별하다   이용하다

(1) 지하철을 ⬜⬜⬜ 소풍 장소에 도착했다.

(2) 민지는 철호에게 ⬜⬜⬜ 관심을 가지고 있다.

(3) 공원에는 셀 수 없을 정도로 ⬜⬜⬜ 종류의 꽃들이 피어 있었다.

블로그 게시 글

배를 타고 둘러보는 베네치아

내 블로그 | 이웃 블로그 | 블로그 홈 ▼

여행 보따리

세계 이곳저곳을 다니며 여행하는 여행자입니다. 제 블로그에서 다양한 여행 정보를 얻어 가세요.

+ 이웃 추가

목록

📄 미국 여행

📄 유럽 여행

📄 아시아 여행

📄 아프리카 여행

안녕하세요. 오늘은 이탈리아의 *해상 도시 베네치아의 이동 수단을 알려 드릴게요. 베네치아는 118개의 작은 섬으로 *구성된 도시로, 베네치아 사람들은 주로 *수상 버스나 수상 택시를 이용해 이동해요. 수상 택시는 우리나라 한강에서도 찾아볼 수 있지요?

베네치아에는 수상 버스 및 수상 택시뿐만 아니라, '곤돌라'라는 이동 수단도 있어요. 1200년경부터 이용되기 시작한 곤돌라는 5~6명의 승객이 탈 수 있는 작은 나무배예요. 예전에는 사람은 물론, 야채와 *식료품 등도 곤돌라를 이용해 운반하였다고 해요. 오늘날에는 주로 관광객들이 많이 이용하는데요. 흔들리는 곤돌라 위에서 넘어지지도 않고 솜씨 좋게 선 뱃사공이 *노를 ㉠저으면, 곤돌라가 천천히 앞으로 나아간답니다. 관광객들은 곤돌라에 앉아서 편안히 베네치아 곳곳을 구경할 수 있어요. 게다가 뱃사공이 곤돌라 위에서 노래도 불러 주어 특별한 추억을 만들 수도 있답니다.

이런 뜻이에요

- **해상** 바다의 위.
- **구성된** 몇 가지의 부분 혹은 요소를 모아서 하나의 전체가 이루어진.
- **수상** 물의 위. 또는 물이 흐르는 길.
- **식료품** 음식의 재료가 되는 먹을거리.
- **노** 물속에 넣고 휘저어서 배를 앞으로 나아가게 하는 도구.

1 글쓴이가 이 게시 글을 쓴 까닭은 무엇인가요? (   )

① 글을 읽는 사람을 설득하기 위해

② 어떤 대상에 대한 정보를 전달하기 위해

③ 여행지에서 본 것과 느낀 점을 기록하기 위해

④ 어떤 일을 하는 방법을 자세히 알려 주기 위해

2 이 게시 글의 내용으로 맞으면 ○표, 틀리면 ×표 하세요.

(1) 베네치아는 작은 섬으로 이루어진 도시예요.   (   )

(2) 곤돌라에는 예전부터 사람만 탈 수 있었어요.   (   )

(3) 수상 택시는 베네치아에서만 볼 수 있는 특별한 이동 수단이에요. (   )

3 이 게시 글을 읽은 뒤 할 수 있는 질문으로 알맞지 <u>않은</u> 것은 무엇인가요? (   )

① 곤돌라는 언제부터 이용되기 시작했나요?

② 곤돌라를 한 번 타는 데 드는 비용은 얼마인가요?

③ 곤돌라의 뱃사공이 넘어지지 않는 비결은 무엇인가요?

④ 곤돌라 위에서 뱃사공이 불러 주는 노래는 무엇인가요?

4 다음 중 ㉠과 같은 뜻으로 사용된 낱말은 무엇인가요? (   )

① 달걀 푼 물을 세게 <u>저으면</u> 거품이 일어난다.

② 강아지가 꼬리를 홱홱 <u>저으면</u> 반갑다는 뜻이다.

③ 배를 이렇게 느릿느릿 <u>저으면</u> 오늘 도착하기는 어렵겠다.

④ 동생이 식탁에서 고개를 <u>저으면</u> 밥을 먹기 싫다는 뜻이다.

2일

오늘의 낱말

다음 낱말을 소리 내어 읽어 보고 뜻을 살펴보세요.

단서
어떤 문제를 해결하는 방향으로 이끌어 가는 일의 첫 부분.

분석
물질의 성분을 물리·화학적 방법을 써서 알아내는 일.

현장
일이 벌어지고 있거나 벌어진 곳.

해결하다
문제, 사건, 일 등을 잘 처리해서 끝냄.

다음 낱말과 알맞은 뜻을 줄로 이으세요.

단서	•		•	일이 벌어지고 있거나 벌어진 곳.
현장	•		•	문제, 사건, 일 등을 잘 처리해서 끝냄.
분석	•		•	어떤 문제를 해결하는 방향으로 이끌어 가는 일의 첫 부분.
해결하다	•		•	물질의 성분을 물리·화학적 방법을 써서 알아내는 일.

미리 쌓는 배경지식

머리카락

- 머리털 하나하나를 머리카락이라고 해요.
- 머리카락은 피부 속의 뿌리 부분, 피부 위로 나온 부분으로 나눌 수 있어요.
- 머리카락은 미용은 물론 체온을 유지하는 데에도 도움이 돼요.

과학

떨어진 머리카락

1문단 "머리카락 좀 그때그때 주워 버려라!" 부모님께서 집을 청소하면서 하시는 말씀을 들어 본 적 있나요? 사람의 머리카락은 사람마다 개수가 다르고 자라는 속도도 조금씩 달라요. 하지만 모두 매일같이 자라고 새로 나기도 하고 빠지기도 하지요. 그렇기 때문에 부모님의 잔소리는 어찌 보면 당연한 거예요. 이렇게 머리카락은 자신도 모르는 사이에 빠지기 때문에 범죄 °현장에 떨어진 범인의 머리카락이 사건을 °해결하는 °단서가 되기도 해요.

2문단 머리카락에는 모소피, 모피질, 모수질이라는 3개의 층이 있어요. 머리카락의 °표면을 °구성하고 있는 모소피는 머리카락의 내부를 보호해 줘요. 모소피에는 무늬가 있어서, 이를 통해 바닥에 떨어진 머리카락이 사람의 머리카락인지 동물의 털인지 알 수 있어요. 머리카락의 중간층인 모피질에는 멜라닌이라는 색소가 있어서 머리카락의 색을 결정해요. 모수질은 머리카락의 가장 안쪽에 있는 층이에요. 모수질로도 사람의 머리카락과 동물의 털을 구별할 수 있어요.

3문단 머리카락으로 외모 또한 °추측해 볼 수 있어요. 머리카락의 색과 모양을 보고 머리카락의 주인이 염색을 했는지, 진짜 머리색은 어떠한지, 곱슬머리인지까지 알 수 있지요.

4문단 빠진 머리카락의 끝부분을 관찰하면 머리카락이 자연스럽게 빠진 것인지 °강제로 잡아당겨서 빠진 것인지도 확인할 수 있어요. 만약 뿌리 부분이 거칠게 생겼다면, 누군가와 몸싸움이 있었다고 추측할 수 있어요. 또한 뿌리가 남은 머리카락으로는 유전자 °분석까지 가능하다니, 참 신기하지요?

이런 뜻이에요

- **현장** 일이 벌어지고 있거나 벌어진 곳.
- **해결하는** 문제, 사건, 일 등을 잘 처리해서 끝내는.
- **단서** 어떤 문제를 해결하는 방향으로 이끌어 가는 일의 첫 부분.
- **표면** 사물의 가장 윗부분. 또는 가장 바깥쪽.
- **구성하고** 몇 가지의 부분 혹은 요소를 모아서 하나의 전체를 이루고.
- **추측해** 어떤 사실이나 보이는 것을 통해 무엇을 미루어 짐작해.
- **강제** 힘이나 권력으로 남이 원하지 않는 일을 억지로 시킴.
- **분석** 물질의 성분을 물리·화학적 방법을 써서 알아내는 일.

1 중심 내용

이 글을 읽고, 무엇에 대해 쓴 글인지 찾아 ○표 하세요.

| 동물의 털 | 사람의 머리카락 | 사람의 유전자 |

2 세부 내용

이 글을 읽고, **틀린** 내용을 바르게 고쳐 쓰세요.

(1) 머리카락에는 2개의 층이 있어요. ＼＿＿＿＿＿

(2) 머리카락의 모수질은 가장 바깥쪽에 있는 층이에요. ＼＿＿＿＿＿

(3) 머리카락의 모피질에는 세로토닌이라는 색소가 있어요. ＼＿＿＿＿＿

3 세부 내용

이 글의 내용으로 알맞지 **않은** 것은 무엇인가요? (　　　)

① 매일 머리카락이 자라고 빠져요.

② 머리카락을 염색하면 진짜 머리색을 알 수 없어요.

③ 뿌리가 남은 머리카락으로 유전자 분석을 할 수 있어요.

④ 빠진 머리카락의 뿌리 부분이 거칠면 강제로 잡아당겨서 빠진 거예요.

4 내용 추론

이 글을 읽고, 범죄 현장에서 발견한 범인의 머리카락으로 알 수 있는 것이 **아닌** 것은 무엇인가요? (　　　)

① 범인의 유전자

② 범인과 피해자의 나이

③ 범인의 곱슬머리 여부

④ 머리카락이 빠졌을 때의 상황

베토벤의 죽음과 머리카락

| 과학 |

아이스크림
어린이 신문

㉠

머리카락으로 죽음의 원인을 밝힐 수 있다는 게 정말일까? 2000년, 윌리엄 월시 박사는 병으로 °청력을 잃었던 베토벤의 머리카락을 분석해 새로운 사실을 발견했다고 발표했다. 베토벤의 머리카락에 °납 성분이 남아 있던 것으로 보아, 베토벤이 납 중독에 걸렸다는 것이다. 실제로 베토벤은 생전에 복통과 우울증 등으로 고통받았다. 이 °질환들은 납 중독에 걸리면 나타나는 증상들이기 때문에 더 놀라운 발견이었다. 윌리엄 월시 박사는 베토벤이 도나우 강에서 잡힌 °민물고기를 즐겨 먹었기 때문에 납 성분이 머리카락에서 나왔다고 보았다. 당시 도나우 강은 °중금속으로 오염되어 있었기 때문이었다.

하지만 2023년, 새로운 연구 결과가 나와 세상이 발칵 뒤집혔다. 베토벤의 머리카락이라고 알려진 머리카락이 사실은 베토벤의 머리카락이 아니라는 것이었다. 머리카락을 유전자 분석한 결과, 머리카락의 주인은 여성이었다. 이로써 베토벤의 머리카락으로 죽음의 원인을 밝혔다는 연구는 ㉡물거품이 되었다.

이런 뜻이에요

- **청력** 귀로 소리를 듣는 힘.
- **납** 가장 무겁고 열에 잘 녹는 잿빛의 금속.
- **질환** 몸에 생기는 온갖 병.
- **민물고기** 바다가 아닌 호수나 강에 사는 고기.
- **중금속** 철, 금, 백금 등과 같은 무거운 금속.

1 ㉠에 들어갈 이 신문 기사의 제목으로 알맞은 것은 무엇인가요? (   )

① 윌리엄 월시 박사의 놀라운 연구

② 베토벤의 죽음이 낱낱이 밝혀지다

③ 베토벤을 둘러싼 풀리지 않은 미스터리

④ 역사상 가장 위대한 작곡가를 알아보다

2 이 신문 기사를 통해 알 수 있는 베토벤이 앓았던 질환을 모두 찾아 ○표 하세요.

두통	복통	우울증	납 중독

3 이 신문 기사를 읽고 짐작한 내용으로 알맞지 <u>않은</u> 것은 무엇인가요? (   )

① 머리카락을 통해 무엇을 먹었는지는 알 수 없어.

② 납과 같은 중금속이 몸속에 쌓이면 병에 걸릴 수 있어.

③ 유전자 분석을 통해 머리카락 주인의 성별을 알 수 있어.

④ 시간이 흘러 새로운 발견에 의해 연구 결과가 바뀔 수 있어.

4 다음 중 ㉡과 바꾸어 쓸 수 <u>없는</u> 말은 무엇인가요? (   )

① 헛수고가 되었다.

② 빛을 발하게 되었다.

③ 말짱 도루묵이 되었다.

④ 수포로 돌아가게 되었다.

3일

오늘의 낱말

다음 낱말을 소리 내어 읽어 보고 뜻을 살펴보세요.

기름지다
땅에 양분이 많음.

정화하다
더러운 것이나 순수하지 않은 것을 깨끗하게 함.

황폐하다
집, 땅, 숲 등이 거칠어져 못 쓰게 됨.

흡수하다
안이나 속으로 빨아들임.

오늘의 퀴즈

빈칸에 들어갈 알맞은 낱말을 보기 에서 골라 쓰세요.

보기

기름지다   정화하다   황폐하다   흡수하다

1 가뭄으로 마을 전체가 ☐☐☐☐.

2 더러워진 강물을 깨끗하게 ☐☐☐☐.

3 거름을 뿌렸더니 논과 밭이 ☐☐☐☐.

4 나무가 뿌리에서 땅속의 수분을 ☐☐☐☐.

미리 쌓는 배경지식

사막화

- 자연 및 인간의 활동으로 인해서 지역이 건조해져 마치 사막처럼 황폐화되는 것을 말해요.
- 사막화가 진행되면 농사를 짓는 것이 어려워져 살 곳을 잃을 수 있어요.
- 육지뿐만 아니라 바다도 황폐해지고 있어요.

교과서 문해력

바다에도 숲이 있다고?

1문단 매년 6월 17일은 '세계 사막화 °방지의 날'이에요. 이날은 °기름진 땅이 점점 사막처럼 쓸모없는 땅으로 바뀌는 것을 막고, 지구 환경을 보호하기 위해 만든 날이에요. 흔히 사막화라고 하면 육지에서만 일어나는 일이라고 생각해요. 하지만 최근 기후 변화와 인간 활동에 따라 바다에서도 사막화가 진행되고 있어요. 바로 '바다숲'이 °황폐해지고 있는 것이지요.

2문단 바다에는 미역, 다시마, 매생이 등 각종 °해조류가 자라고 있어요. 이런 해조류가 °한데 모여 자라는 모습이 마치 숲을 이룬 것 같다고 하여 '바다숲'이라고 불러요. 바다숲은 바다 생물의 서식지가 되어 주기도 하고, 지구의 이산화 탄소를 °흡수하거나 물을 °정화해 주는 등 다양한 역할을 해요.

3문단 하지만 매년 우리나라 바다에서는 여의도 면적의 4배 정도가 황폐해지고 있다고 해요. 바다 주변 지역에서 흘러드는 오염 물질 때문에 해조류가 잘 자라지 못하고, 지구 온난화로 바닷물의 온도가 높아지면서 해조류가 사라지고 있어요. ㉠바다숲이 사라지면 각종 물고기들의 보금자리가 없어지고, 해조류를 먹이로 이용하던 바다 생물들도 큰 피해를 입어요. 이런 생물을 먹이로 삼던 생물들에게도 연달아 피해가 가게 되어 바다 생태계 전체가 위협을 받아요.

4문단 우리나라는 바다숲을 지키기 위해 세계 최초로 바다 식목일을 국가 기념일로 정했어요. 매년 5월 10일은 식목일에 나무를 심듯, 바다에 해조류를 심는 날이에요. 나라에서는 바다 사막화가 심각한 지역에 해조류를 옮겨 심는 등 바다숲을 지키기 위해 다양한 활동을 하고 있어요. 여러분도 우리나라의 바다숲이 하루빨리 다시 풍성해질 수 있도록 관심을 가져 봐요.

이런 뜻이에요

- **방지** 어떤 좋지 않은 일이나 현상이 일어나지 않도록 막음.
- **기름진** 땅에 양분이 많은.
- **황폐해지고** 집, 땅, 숲 등이 거칠어져 못 쓰게 되고.
- **해조류** 미역, 김, 다시마 등과 같이 바다에서 나며 포자로 번식하는 식물.
- **한데** 같은 곳이나 하나로 정해진 곳.
- **흡수하거나** 안이나 속으로 빨아들이거나.
- **정화해** 더러운 것이나 순수하지 않은 것을 깨끗하게 해.

1 이 글을 읽고, 무엇에 대해 쓴 글인지 찾아 ○표 하세요.

| 바다숲을 만드는 방법 | 바다숲에서 자라는 해조류 | 바다숲의 기능과 이를 지키기 위한 노력 |

 2 이 글을 읽고, **틀린** 내용을 바르게 고쳐 쓰세요.

(1) 매년 ~~6월 10일~~은 바다 식목일이에요.

(2) 매년 ~~5월 17일~~은 세계 사막화 방지의 날이에요.

(3) 우리나라 바다에서는 매년 여의도 면적의 ~~2배~~ 정도가 황폐해지고 있어요.

 3 바다숲이 사라지면 나타나는 현상으로 알맞지 <u>않은</u> 것은 무엇인가요? (   )

① 바닷물이 더러워질 것이다.

② 바다 생물의 먹이가 없어질 것이다.

③ 지구에 이산화 탄소가 줄어들 것이다.

④ 바다 생물이 사는 곳이 사라져 버릴 것이다.

 4 다음 중 ㉠과 가장 어울리는 사자성어는 무엇인가요? (   )

① 고진감래: 쓴 것이 다하면 단 것이 온다는 뜻으로, 고생 끝에 즐거움이 옴을 이르는 말.

② 금상첨화: 비단 위에 꽃을 더한다는 뜻으로, 좋은 일 위에 또 좋은 일이 더하여짐을 이르는 말.

③ 설상가상: 눈 위에 서리가 덮인다는 뜻으로, 난처한 일이나 불행한 일이 잇따라 일어남을 이르는 말.

④ 좌불안석: 앉아도 자리가 편안하지 않다는 뜻으로, 마음이 불안하거나 걱정스러워서 한군데에 가만히 앉아 있지 못하고 안절부절못하는 모양을 이르는 말.

실생활 문해력 물새 | 방정환

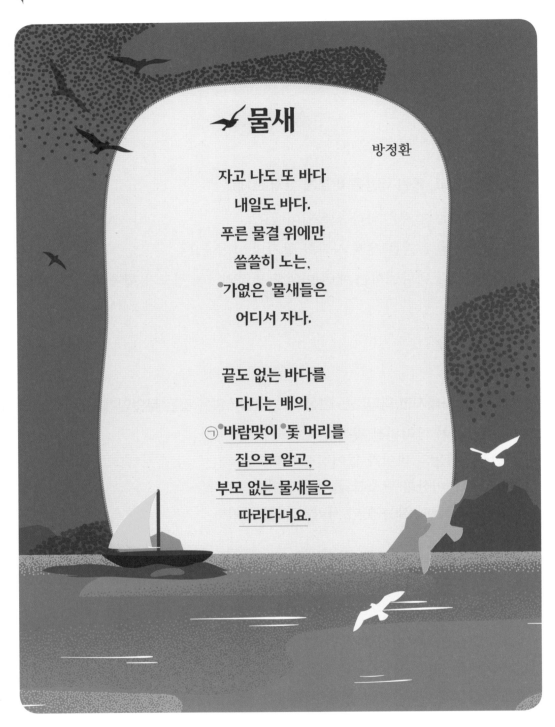

🐦물새

방정환

자고 나도 또 바다
내일도 바다.
푸른 물결 위에만
쓸쓸히 노는,
˙가엾은 ˙물새들은
어디서 자나.

끝도 없는 바다를
다니는 배의,
㉠˙바람맞이 ˙돛 머리를
집으로 알고,
부모 없는 물새들은
따라다녀요.

이런 뜻이에요

- **가엾은**   마음이 아플 정도로 불쌍하고 딱한.
- **물새**   물가에 사는 새.
- **바람맞이**   바람을 잘 맞을 수 있는 곳.
- **돛**   바람의 힘으로 배를 가게 하기 위하여 배 바닥에 기둥을 세운 후 매다는 넓은 천.

1 이와 같은 시를 읽는 방법으로 알맞지 <u>않은</u> 것은 무엇인가요? (　　　)

① 리듬감을 살려 노래하듯이 읽어요.

② 시에 나타난 장면을 떠올리며 읽어요.

③ 시 속 인물의 마음을 상상하며 읽어요.

④ 시 속 인물의 주장이 타당한지 판단하며 읽어요.

2 이 시에 드러난 말하는 이의 마음으로 알맞은 것은 무엇인가요? (　　　)

① 즐겁다.

② 안타깝다.

③ 긴장된다.

④ 화가 난다.

3 이 시를 읽고 생각하거나 느낀 점을 알맞게 말한 어린이는 누구인가요? (　　　)

① 지민: 새끼를 두고 떠나 버린 물새들의 부모가 무책임해.

② 현욱: 배를 쫓아 날고 있는 물새들을 보고 이 시를 지었구나.

③ 은지: 물새들의 보금자리가 없는 주위 환경을 비판하고 있어.

④ 영주: 매일 바다만 보는 물새들은 산에서 사는 산새들이 부러울 거야.

4 보기 를 참고하여 ㉠에 쓰인 표현 방법이 나타난 문장에 ○표 하세요.

보기

　의인법이란 사람이 아닌 동물, 식물, 사물을 사람처럼 말하고 행동하는 것으로 나타내는 표현 방법이에요.

(1) 여우가 왕이 되자 한껏 우쭐거렸어요.　　　　　　　　　(　　　)

(2) 사자는 배가 고파 토끼를 사냥했어요.　　　　　　　　　(　　　)

4일

오늘의 낱말

다음 낱말을 소리 내어 읽어 보고 뜻을 살펴보세요.

기온
대기의 온도.

폭염
매우 심한 더위.

필수
꼭 해야 하거나 있어야 함.

내리쬐다
햇빛이 아래쪽으로 강하게 비침.

오늘의 퀴즈

굵게 표시된 6개의 낱말 중 오늘 배운 4개의 낱말에 ○표 하세요.

3주
4일

최근 지구 온난화가 심각해지면서 **기온**이 많이 올랐어요. 여름에 뉴스에서 **폭염** 주의보가 나오면 선크림을 **필수**로 바르고 양산이나 모자를 써야 해요. **내리쬐는** 햇볕을 그대로 받고 다니다가는 **더위**를 먹을 수 있어요. 부채를 들고 다니며 바람을 일으켜 더위를 **물리쳐** 봐요.

미리 쌓는 배경지식

부채

- 손으로 잡고 흔들어서 바람을 일으키는 도구예요.
- 접어서 쓰는 부채의 면에는 그림이나 글이 들어가 있어요.
- 단옷날, 우리 조상들은 서로 부채를 주고받기도 했어요.

사 회

부채의 여덟 가지 사용법

1문단 더운 여름날 우리는 선풍기와 에어컨을 주로 사용하지만, 우리 조상들은 부채를 즐겨 사용했어요. 특히 양반들에게 부채는 계절과 상관없이 *필수로 가지고 다니는 물건 중 하나였지요. 부채에는 여덟 가지 *용도가 있었다고 하는데, 하나씩 살펴볼까요?

2문단 가장 먼저 우리 조상들은 더운 여름에 부채를 부치며 바람을 일으키거나 부채로 *내리쬐는 햇볕을 ㉠가리는 데 사용했어요. 두 번째로 비가 올 때는 부채로 비를 가려 몸이 흠뻑 젖는 것을 막기도 했어요. 이렇게 부채는 양산이나 우산이 되어 주기도 했지요. 세 번째로 파리나 모기를 쫓을 때에도 부채를 사용했어요.

3문단 네 번째로 부채는 방향을 *가리키는 용도로도 쓰였어요. *오케스트라의 지휘자가 *지휘봉으로 연주자를 가리키는 것처럼 말이지요. 펼쳤던 부채를 접어서 원하는 방향 쪽으로 쭉 뻗어 방향을 가리키지요. 다섯 번째로 멀리 있는 사람에게 오라고 할 때도 손짓하듯 부채를 펼쳐 흔들었어요. 여섯 번째로 바닥에 앉을 때 방석 대신 부채를 깔고 앉기도 했어요. 아무 데나 털썩 앉아 옷이 더러워지면 안 되니까요.

4문단 일곱 번째로 *빚쟁이에게 쫓길 때, 빚쟁이에게 들키지 않도록 얼굴을 가릴 때 부채를 사용했어요. 마지막으로는 남녀가 만나서 얼굴을 가릴 때 부채를 썼어요. 옛날에는 결혼하지 않은 사이의 남녀는 서로 얼굴을 보이지 않는 게 예의라고 생각했거든요. 이러한 여덟 가지 용도 때문에 부채에는 '팔용선'이라는 별명이 붙게 되었어요.

이런 뜻이에요

- **필수** 꼭 해야 하거나 있어야 함.
- **용도** 쓰이는 곳이나 목적.
- **내리쬐는** 햇빛이 아래쪽으로 강하게 비치는.
- **가리키는** 물건이나 손가락을 어떤 방향이나 대상으로 향하게 해 그것을 알게 하는.
- **오케스트라** 관현악을 연주하는 단체.
- **지휘봉** 지휘자가 합주나 합창 등을 지휘할 때 사용하는 막대기.
- **빚쟁이** 다른 사람에게 돈을 빌려준 사람.

1 이 글에서 가장 중심이 되는 낱말에 ○표 하세요.

| 부채 | 지휘봉 | 선풍기 | 에어컨 |

2 이 글을 통해 알 수 있는 부채의 용도로 맞으면 ○표, 틀리면 ×표 하세요.

(1) 부채는 벌레를 쫓는 용도로 쓰였어요.   (   )

(2) 부채는 도둑을 때려잡는 용도로 쓰였어요.   (   )

(3) 부채는 방향을 가리키는 용도로 쓰였어요.   (   )

3 이 글을 읽고, 부채가 용도를 대신하는 물건으로 알맞지 <u>않은</u> 것은 무엇인가요?

(   )

① 방석   ② 우산   ③ 편지지   ④ 지휘봉

4 다음 중 ㉠과 같은 뜻으로 사용된 낱말이 <u>아닌</u> 것은 무엇인가요? (   )

① 잘잘못을 <u>가리다</u>.

② 큰 산이 앞을 <u>가리다</u>.

③ 손으로 얼굴을 <u>가리다</u>.

④ 커튼으로 창문을 <u>가리다</u>.

더위의 습격

이번 주 날씨 정보

조회수 110회 · 1일 전

한국 뉴스
구독자 52.4만 명

↪ 공유　≡+ 저장　• • •

　이번 주 날씨를 김지윤 기상 캐스터가 알려 드립니다. 장마가 끝나고 날이 점점 더워지면서 내일 전국적으로 *폭염 특보가 내려진 상황입니다. 아직 7월 초인데 작년보다 평균 *기온이 훨씬 높은 상황이라 앞으로 더 더워질 것으로 예상됩니다.

　특히 서울의 경우, 내일도 35도까지 올라가 폭염 경보가 내려졌습니다. 서울을 제외한 나머지 전국의 낮 기온도 32도에서 33도까지 올라갈 예정입니다. 오후에는 곳곳에 소나기가 내릴 수 있어 우산을 챙기시는 게 좋겠습니다.

　당분간은 더위가 비슷한 수준을 유지할 것으로 보이며, 주말에 전국적으로 비가 오면서 더위가 *한풀 꺾일 것으로 예상됩니다. 날씨가 더워진 만큼 냉방병과 *일사병에 특히 주의하셔야겠습니다.

- **폭염**　매우 심한 더위.
- **기온**　대기의 온도.
- **한풀**　기운, 기세 등이 어느 정도로.
- **일사병**　강한 햇빛을 오래 받아서 일어나는 병으로, 두통에 숨이 가쁘고 심하면 정신을 잃는 병.

1 이 동영상을 통해 알 수 있는 기상 캐스터의 역할로 맞으면 ○표, 틀리면 ×표 하세요.

(1) 날씨 예보를 해요.   (   )

(2) 오늘 일어난 사건을 전달해요.   (   )

(3) 날씨에 따라 주의할 점을 알려 줘요.   (   )

2 이 동영상에 나온 여름철에 주의해야 할 질환이 <u>아닌</u> 것에 ○표 하세요.

장염	냉방병	일사병

3 이 동영상에 나온 내일의 날씨로 알맞지 <u>않은</u> 것은 무엇인가요? (   )

① 전국의 낮 기온은 31도예요.
② 서울의 최고 기온은 35도예요.
③ 오후에는 비가 내릴 수 있어요.
④ 전국에 폭염 특보가 내려진 상황이에요.

4 이 동영상과 보기 를 읽고 난 뒤의 반응으로 알맞지 <u>않은</u> 것은 무엇인가요?

(   )

보기

  '특보'는 '특별 보도'의 줄임말이에요. 폭염 특보에는 '폭염 경보'와 '폭염 주의보'가 있어요. 폭염 경보는 사람이 몸으로 느끼는 체감 온도가 35도 이상, 폭염 주의보는 33도 이상인 상태가 이틀 이상 계속될 때 내려져요.

① 폭염 특보가 내려진 걸 보면, 몸이 힘들 정도로 날이 더울 거야.
② 서울 지역에 폭염 경보가 내려진 걸 보면, 더위가 이틀 이상 이어졌을 거야.
③ 폭염 경보가 폭염 주의보보다 체감 온도가 더 높은 걸 보면, 더 더운 상태일 거야.
④ 다른 지역에 폭염 경보가 내려지지 않은 걸 보면, 이미 폭염 경보 상태가 지나갔을 거야.

오늘의 낱말

다음 낱말을 소리 내어 읽어 보고 뜻을 살펴보세요.

기울이다

정성이나 노력 등을 한곳으로 모음.

떨치다

이름 혹은 영향력을 널리 알림.

이르다

기준이 되는 때보다 빠르거나 앞섬.

혼인하다

남자와 여자가 부부가 됨.

오늘의 퀴즈

빈칸에 들어갈 알맞은 낱말을 보기 에서 골라 쓰세요.

보기

| 기울이다 | 떨치다 | 이르다 | 혼인하다 |

1 용맹을 ☐☐☐.

2 아직 포기하기엔 ☐☐☐.

3 관심을 한곳에 ☐☐☐☐.

4 춘향이와 몽룡이가 ☐☐☐☐.

미리 쌓는 배경지식

허난설헌

- 허난설헌은 조선 시대의 유명한 시인이에요.
- 허난설헌은 『홍길동전』을 지은 허균의 누나예요.
- 허난설헌이 살았던 조선 시대에는 여자는 집안일을 하고 남자는 글공부와 바깥 일을 하는 게 당연하다고 여겨졌어요.

국어

교과서 문해력

조선 시대의 시인 허난설헌

1문단 허난설헌의 아버지 허엽은 아들에게는 글을 가르쳤지만, 딸인 허난설헌에게는 글을 가르치지 않았어요. 그건 너무나 당연한 일이었어요. 조선 시대의 여자아이는 어려서부터 바느질이나 °자수만 배우면 되었거든요. 글 공부는 남자아이가 하는 일이었어요. ⓐ 허난설헌은 그렇게 생각하지 않았어요.

'나도 글을 배우고 싶어!'

그래서 허난설헌은 오빠들이 글공부를 할 때 °어깨너머로 보면서 글을 배웠지요.

2문단 "아버지, 저 글을 읽을 줄 알아요."

허난설헌의 말에 놀란 아버지가 허난설헌에게 몇 가지 문제를 냈어요. 정말 허난설헌은 아버지가 문제로 낸 모든 글자를 읽을 줄 알았어요. 아버지는 허난설헌의 °영리함을 알아보고 오빠들과 함께 글공부를 시켰어요. 일곱 살의 어린 나이인데도 허난설헌은 오빠들보다 글공부에 더 많은 시간을 °기울였어요. 심지어 책 읽기를 너무 좋아해서 잠을 자는 것도, 밥을 먹는 것도 까먹을 정도였지요. 허난설헌은 여덟 살 때부터 글을 썼고, 나중에는 스승 이달에게 시를 배워 시를 짓는 시인이 되었어요.

3문단 °이른 나이에 °혼인한 허난설헌은 시어머니의 반대로 자유롭게 글공부를 하거나 책을 읽지 못해 힘든 날들을 보냈어요. 딸과 아들을 낳았지만, 어린 자식들이 전염병으로 죽게 되는 가슴 아픈 경험까지 하였지요.

'하늘이 내게 왜 이러실까……'

슬픔에 빠진 허난설헌은 자신의 아픈 감정을 담아 시를 썼어요. 남편마저 도움이 되지 않는 상황에서 허난설헌을 위로해 준 것은 오로지 시 쓰기뿐이었어요.

이런 뜻이에요

- **자수** 천이나 옷감에 색이 있는 실로 그림, 무늬, 글자 등을 수놓는 일. 또는 그 수.
- **어깨너머** 남이 하는 것을 옆에서 보거나 들음.
- **영리함** 똑똑하고 눈치가 빠름.
- **기울였어요** 정성이나 노력 등을 한곳으로 모았어요.
- **이른** 기준이 되는 때보다 빠르거나 앞선.
- **혼인한** 남자와 여자가 부부가 된.

3주
5일

1 이 글을 읽고, 중심 내용으로 알맞은 것을 찾아 ○표 하세요.

조선 시대의 문학 작품	글을 친구 삼은 허난설헌	허씨 가문의 어린 시절 이야기

2 허난설헌의 생애를 순서대로 골라 빈칸에 기호를 쓰세요.

> (가) 오빠들처럼 글을 배우고 싶어 했어요.
> (나) 스승 이달에게 시를 배워 시를 지었어요.
> (다) 자식들이 죽은 후 슬픔을 담아 시를 지었어요.
> (라) 아버지의 시험을 통과해 글공부를 하게 되었어요.
> (마) 혼인한 후 자유롭게 책을 읽지 못해 힘든 시간을 보냈어요.

• ((가)) → (   ) → (   ) → (   ) → (   )

3 이 글을 통해 알 수 있는 당시 시대에 대한 설명으로 알맞지 <u>않은</u> 것은 무엇인가요?

(   )

① 이른 나이에 혼인을 했어요.
② 남자와 여자 간에 차별이 있었어요.
③ 여자는 글을 배우고 학문을 하는 게 어려웠어요.
④ 자신의 감정이 들어가지 않은 시를 지어야 했어요.

4 다음 중 ㉠에 들어갈 이어 주는 말로 알맞은 것은 무엇인가요? (   )

① 그래서
② 그러나
③ 그리고
④ 그러므로

허난설헌의 부탁

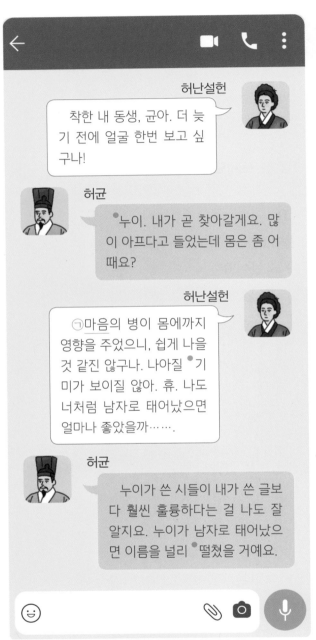

허난설헌

착한 내 동생, 균아. 더 늦기 전에 얼굴 한번 보고 싶구나!

허균

●누이. 내가 곧 찾아갈게요. 많이 아프다고 들었는데 몸은 좀 어때요?

허난설헌

㉠마음의 병이 몸에까지 영향을 주었으니, 쉽게 나을 것 같진 않구나. 나아질 ●기미가 보이질 않아. 휴. 나도 너처럼 남자로 태어났으면 얼마나 좋았을까…….

허균

누이가 쓴 시들이 내가 쓴 글보다 훨씬 훌륭하다는 걸 나도 잘 알지요. 누이가 남자로 태어났으면 이름을 널리 ●떨쳤을 거예요.

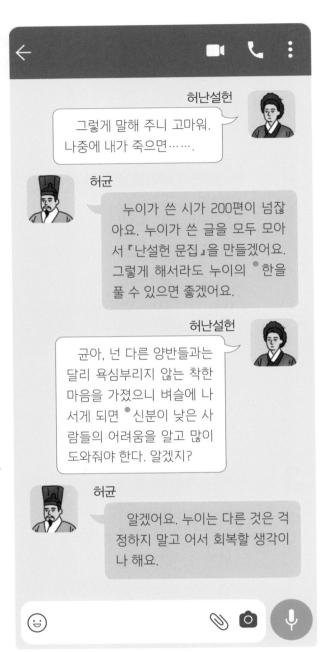

허난설헌

그렇게 말해 주니 고마워. 나중에 내가 죽으면…….

허균

누이가 쓴 시가 200편이 넘잖아요. 누이가 쓴 글을 모두 모아서 『난설헌 문집』을 만들겠어요. 그렇게 해서라도 누이의 ●한을 풀 수 있으면 좋겠어요.

허난설헌

균아, 넌 다른 양반들과는 달리 욕심부리지 않는 착한 마음을 가졌으니 벼슬에 나서게 되면 ●신분이 낮은 사람들의 어려움을 알고 많이 도와줘야 한다. 알겠지?

허균

알겠어요. 누이는 다른 것은 걱정하지 말고 어서 회복할 생각이나 해요.

이런 뜻이에요

- **누이** 같은 부모에게서 태어난 사이 혹은 친척 가운데 남자가 여자 형제를 이르는 말.
- **기미** 어떤 일이 돌아가는 상태나 상황을 짐작할 수 있는 분위기.
- **떨쳤을** 이름 혹은 영향력을 널리 알렸을.
- **한** 매우 원망스럽거나 안타깝고 슬퍼서 맺힌 마음.
- **신분** 과거에 제도적으로 개인에게 주어진 서열이나 지위.

1 이 대화를 통해 짐작할 수 없는 것은 무엇인가요? (   )

① 허균의 성격

② 허난설헌의 건강 상태

③ 허균이 쓴 글을 모은 책 제목

④ 허균을 향한 허난설헌의 부탁

2 이 대화를 통해 알 수 있는 허난설헌에 대한 설명으로 알맞지 않은 것은 무엇인가요?

(   )

① 허난설헌이 쓴 시는 200편이 넘어요.

② 허난설헌은 이전에 시집을 펴낸 적이 있어요.

③ 허난설헌의 현재 몸 상태는 매우 좋지 않아요.

④ 허난설헌은 여성으로 태어난 것에 대해 아쉬움을 가지고 있어요.

3 다음 중 ㉠과 바꾸어 쓸 수 있는 낱말은 무엇인가요? (   )

① 기분

② 느낌

③ 이해

④ 정신

4 이 대화와 　보기　를 읽고 난 뒤의 반응으로 알맞은 것은 무엇인가요? (   )

보기

　고전 소설 『홍길동전』은 허균이 지은 우리나라 최초의 한글 소설이에요. 소설의 주인공 홍길동은 양반과 노비 사이에서 태어난 서자예요. 서자는 과거 시험을 보지 못해 관리가 될 수 없었고, 양반인 아버지를 아버지라 부르지도 못해요. 허균은 홍길동의 활약을 통해 불공평한 세상을 비판했어요.

① 허균은 자신의 출세를 우선으로 생각했을 거야.

② 허균은 낮은 신분으로 태어난 한이 깊었을 거야.

③ 허균은 신분이 낮은 사람들에 대한 관심이 많았을 거야.

④ 허균이 한글로 소설을 쓴 것으로 보아 한문을 전혀 몰랐을 거야.

4주

교과서 문해력과 실생활 문해력을
한번에 키워 보세요.

일자	오늘의 낱말	오늘의 읽을거리	스스로 평가
1일	• 누비다 • 배출하다 • 유익하다 • 이어받다	교과서 정직한 발명가가 됩시다 실생활 발명의 날 행사를 소개해요	😄 🙂 🙁
2일	• 인종 • 편견 • 비하하다 • 우월하다	교과서 무심코 뱉은 말 실생활 분노로 가득 찬 축구 경기장	😄 🙂 🙁
3일	• 각양각색 • 고약하다 • 비옥하다 • 유인하다	교과서 각양각색 신기한 식물들 실생활 누가 누가 더 셀까?	😄 🙂 🙁
4일	• 용암 • 재 • 웅장하다 • 정복하다	교과서 폼페이에서 있었던 일 실생활 백록담과 천지에 다녀왔어요	😄 🙂 🙁
5일	• 생존 • 수칙 • 응급 • 의무	교과서 물속에서 살아남기 실생활 물놀이 안전, 이것만은 지켜요!	😄 🙂 🙁

1일

오늘의 낱말

다음 낱말을 소리 내어 읽어 보고 뜻을 살펴보세요.

누비다
이리저리 거리낌 없이 다님.

배출하다
안에서 만들어진 것을 밖으로 밀어 내보냄.

유익하다
도움이 되거나 이로움.

이어받다
앞서 이루어진 일의 결과 혹은 해 오던 일, 그 정신을 전해 받음.

오늘의 퀴즈

빈칸에 들어갈 알맞은 낱말을 보기 에서 골라 쓰세요.

보기

누비다　　배출하다　　유익하다　　이어받다

1 가방 하나를 들고 전국을 □□□.

2 가족이 하던 사업을 □□□□.

3 이 책은 아이들 교육에 □□□□.

4 하천에 오염 물질을 몰래 □□□□.

미리 쌓는 배경지식

발명

- 지금까지 없던 새로운 물건이나 기술을 처음으로 생각해 만들어 내는 것이에요.
- 아직 알려지지 않은 것을 찾아내는 '발견'과는 달라요.
- 불이 나는 것을 우연히 '발견'한 뒤, 불을 피울 수 있는 도구를 만들어 내는 것이 '발명'이에요.

도덕

정직한 발명가가 됩시다

1문단 다양한 도구와 기술을 만들어 내는 발명을 통해 사람들의 삶은 훨씬 편리하고 살기 좋게 바뀌어 왔어요. °일상생활에서도 우연한 발견에서 멈추지 않고 ㉠팔을 걷어붙이고 끊임없이 연구하여 만들어 낸 발명품이 많아요. 예를 들어 한여름에 꼭 있어야 하는 °필수품이 된 에어컨, 도로를 °누비는 자동차, 형태가 쉽게 변하지 않아 어디에서든 많이 사용되는 플라스틱, 먼 거리도 빠르게 이동하게 도와주는 비행기 등이 우리 주변에서 쉽게 볼 수 있는 발명품이에요.

2문단 그러나 발명품이 생활에 이로운 점만을 가지고 있는 것은 아니에요. 편리하면서도 많은 사람들에게 피해를 주거나, 환경을 파괴하는 등 해로운, ㉡두 얼굴을 가진 발명품도 있어요. 에어컨은 더위를 빠르게 식혀 주지만, 동시에 °온실가스를 °배출해 지구 온난화를 일으켜요. 제2차 세계 대전 시기에 발명된 °원자 폭탄은 기나긴 전쟁을 끝내는 데에 도움이 되었지만, 많은 사람의 목숨을 잃게 했어요.

3문단 발명가는 자신의 발명품이 사회에서 어떻게 쓰일 수 있는지 미래를 내다보는 능력을 갖추어야 해요. 그러기 위해서는 신중한 태도를 가지고 발명을 해야 해요. 자신의 이익보다는 사람들에게 얼마나 °유익한지, 인류나 환경에 해가 되지는 않는지 등에 대하여 여러 사람들과 ㉢머리를 맞대어 고민해야 해요. 만약 발명품으로 인해 심각한 문제가 발생할 가능성이 높다면 °과감히 ㉣등을 돌리는 정직한 발명가가 되어야 해요.

이런 뜻이에요

- **일상생활** 특별한 일이 없는 보통 때의 생활.
- **필수품** 일상생활에 없어서는 안 되는 반드시 필요한 물건.
- **누비는** 이리저리 거리낌 없이 다니는.
- **온실가스** 지구의 대기를 오염시켜서 온실 효과를 일으키는 가스.
- **배출해** 안에서 만들어진 것을 밖으로 밀어 내보내.
- **원자 폭탄** 원자의 핵이 분열할 때 나오는 힘을 이용한 폭탄.
- **유익한지** 도움이 되거나 이로운지.
- **과감히** 결정력이 있고 용감하게.

1 이 글의 내용을 다음과 같이 요약했어요. 빈칸에 들어갈 알맞을 말을 이 글에서 찾아 쓰세요.

> 발명품은 각각 이로운 점과 _____ 점을 가지고 있는 경우가 많아요. 그렇기 때문에 발명가는 발명을 할 때 신중한 태도와 책임감을 가져야 해요. 자신의 발명품이 문제를 일으킬 가능성이 높다면 과감히 발명을 멈출 필요가 있어요.

2 이 글의 내용으로 알맞지 <u>않은</u> 것은 무엇인가요? (　　　　)

① 우리 주변에는 여러 가지 발명품이 있어요.
② 발명은 우연한 발견을 통해서만 이루어져요.
③ 원자 폭탄은 전쟁을 끝내는 데 도움을 주었어요.
④ 에어컨을 계속 사용하면 지구 온난화가 심해져요.

3 다음 중 보기 에서 설명하는 표현은 무엇인가요? (　　　　)

보기

> 어떤 사람 혹은 사물이 동시에 반대되는 두 가지 성질을 가진 것을 의미하며, 로마 신화에 나오는 야누스 신이 뒤통수 없이 양쪽 모두 얼굴인 데서 만들어진 말이에요.

① ㉠　　　　　② ㉡　　　　　③ ㉢　　　　　④ ㉣

4 이 글을 읽고 난 뒤의 반응으로 알맞은 것은 무엇인가요? (　　　　)

①

단점을 가지고 있는 물건은 발명품이 아니야.

②

발명을 할 때는 인류와 환경을 모두 생각해야 해.

③

발명은 생활에 이로운 점만 가지고 있어.

동 영 상

발명의 날 행사를 소개해요

1

아주 오래전부터 우리 조상들은 새로운 발명품을 만들어 세상을 살기 좋게 바꾸었어요. 조선 시대의 장군인 이순신은 거북선을 발명해 왜군을 무찔러 위기에 처한 나라를 구했어요.

2

조선 시대의 과학자이자 발명가인 장영실은 1441년 5월 19일 °강우량을 ㉠측정하는 측우기를 발명해 백성들이 농사를 짓는 데 도움을 주었어요. 이날을 기념하여 5월 19일이 '발명의 날'이 되었어요.

3

1957년부터 매년 기념하고 있는 '발명의 날'에는 우리 조상들의 발명 정신을 °이어받고 발명의 중요성을 알리기 위해 여러 기념행사를 해요. 주로 올해의 발명왕을 °선정하고 우수 발명품을 전시하지요.

4

'발명의 날' 행사를 여는 한국발명진흥회에서는 학생들을 대상으로 청소년 발명 °페스티벌과 전시회를 열기도 해요. 미래의 발명왕이 되고 싶다면, 청소년 발명 페스티벌에 참가해 보는 건 어떨까요?

이런 뜻이에요

- **강우량** 일정 기간, 일정한 곳에 내린 비의 양.
- **이어받고** 앞서 이루어진 일의 결과 혹은 해 오던 일, 그 정신을 전해 받고.
- **선정하고** 여럿 가운데서 목적에 맞는 것을 골라 정하고.
- **페스티벌** 축하하여 벌이는 큰 규모의 행사.

1 이 동영상에서 확인할 수 <u>없는</u> 것은 무엇인가요? (   )

① 거북선이 만들어진 날짜

② '발명의 날' 행사에서 하는 일

③ 한국발명진흥회에서 여는 행사

④ 우리 조상들이 만든 발명품의 예

2 이 동영상을 통해 알 수 있는 내용으로 맞으면 ○표, 틀리면 ×표 하세요.

(1) '발명의 날' 행사에서는 올해의 발명왕을 뽑아요.   (   )

(2) 측우기는 물의 양을 측정하여 시간을 알아내는 발명품이에요.   (   )

(3) 한국발명진흥회에서는 매년 5월 19일 발명의 날 행사를 개최해요.   (   )

3 이 동영상을 통해 알 수 있는 '발명의 날' 행사를 하는 목적이 <u>아닌</u> 것은 무엇인가요?

(   )

① 발명에 필요한 돈을 기부받기 위해

② 발명의 중요성을 널리 알리기 위해

③ 우리 조상들의 발명 정신을 이어받기 위해

④ 우수한 발명품이 만들어진 날을 기념하기 위해

4 다음 중 ㉠과 바꾸어 쓸 수 있는 낱말은 무엇인가요? (   )

① 재는

② 정하는

③ 예측하는

④ 추측하는

4주

2일

오늘의 낱말

다음 낱말을 소리 내어 읽어 보고 뜻을 살펴보세요.

인종

백인종, 황인종, 흑인종과 같이 피부, 머리색 등 신체의 특징에 따라 나눈 사람의 종류.

편견

올바르거나 공평하지 못하고 한쪽으로 치우친 생각.

비하하다

하찮게 생각해 낮춤.

우월하다

다른 것보다 뛰어남.

오늘의 퀴즈

다음 낱말과 알맞은 뜻을 줄로 이으세요.

인종 •

편견 •

비하하다 •

우월하다 •

• 하찮게 생각해 낮춤.

• 다른 것보다 뛰어남.

• 올바르거나 공평하지 못하고 한쪽으로 치우친 생각.

• 백인종, 황인종, 흑인종과 같이 피부, 머리색 등 신체의 특징에 따라 나눈 사람의 종류.

 미리 쌓는 배경지식

인종

🌿 신체적인 특징, 유전적인 차이에 따라 구분한 사람의 집단이에요.

🌿 지역적으로 크게 아시아 인종, 아프리카 인종, 유럽 인종으로 나눌 수 있어요.

🌿 사람들의 지역 이동, 다른 인종과의 결혼 등으로 인종은 계속 변화하고 있어요.

도덕

무심코 뱉은 말

1문단 우리나라에서 살색은 살구색을 의미하는 경우가 많아요. 하지만 이 말은 잘못된 표현이에요. 모든 사람의 살색이 살구색인 것은 아니니까요. 세상 사람들은 다양한 피부색을 가졌어요. 살색과 같이 무심코 뱉은 말이 *인종 차별과 관련된 표현일 수 있으므로 조심해야 해요.

2문단 인종 차별이란 어떤 인종에 대해 *편견을 가지고 사회적으로나 법적, 경제적으로 불평등하게 대하는 *행위를 말해요. 백인이 아시아인의 눈을 찢어진 눈으로 흉내 내거나 흑인을 원숭이라고 부르는 등의 행동은 인종 차별이에요. 또한 같은 아시아인이라도 경제적으로 뒤떨어진 국가의 사람을 무시하는 행동도 인종 차별이에요.

3문단 오래전 남아프리카 공화국에는 인종 차별을 *정책으로 정한 적이 있었어요. 백인을 *우월한 인종으로 여기고 백인이 아닌 다른 인종을 차별하는 정책이었어요. 이 정책 때문에 흑인은 학교, 병원, 버스 등을 백인과 함께 이용하지 못했어요.

4문단 인종 차별 문제를 해결하기 위해서는 우선 우리의 생각부터 바꾸어야 해요. 피부색만 다를 뿐, 우리 모두 똑같은 사람이라는 사실을 잊지 말아야 해요. 또한 국가의 경제적 수준에 관계없이 사람을 동등하게 대해야 해요. 그리고 국가에서는 다양한 문화를 이해하고 *존중할 수 있도록 다문화 교육을 해야 해요. 이렇게 한다면 인종 차별 문제를 더 빨리 해결할 수 있을 거예요.

이런 뜻이에요

- **인종** 백인종, 황인종, 흑인종과 같이 피부, 머리색 등 신체의 특징에 따라 나눈 사람의 종류.
- **편견** 올바르거나 공평하지 못하고 한쪽으로 치우친 생각.
- **행위** 사람이 의지를 가지고 하는 짓.
- **정책** 정치적인 목적을 이루고자 하는 방법.
- **우월한** 다른 것보다 뛰어난.
- **존중할** 높이어 귀중하게 대할.

1 인종 차별에 해당하는 예로 맞으면 ○표, 틀리면 ×표 하세요.

(1) 백인이 흑인을 보고 원숭이 흉내를 냈어요. 　　　　　　　(　　)

(2) 우리나라 사람이 일본 사람에게 길을 알려 줬어요. 　　　　(　　)

(3) 백인이 아시아인을 보고 눈가를 찢는 행동을 했어요. 　　　(　　)

2 다음 광고의 빈칸에 들어갈 적절한 말은 무엇인가요? (　　　)

외국인 근로자도 피부색만 다를 뿐
우리와 똑같은 사람입니다.

① 모두 살색입니다

② 살구색이 살색입니다

③ 살색은 단 하나뿐입니다

④ 크레파스를 아껴 씁시다

3 이 글을 읽고, 다문화 교육에서 할 수 있는 활동으로 알맞지 <u>않은</u> 것은 무엇인가요?

(　　　)

① 세계 여러 나라의 전통 놀이를 체험한다.

② 텔레비전에 나온 인종 차별적 표현을 찾아본다.

③ 한민족의 우수성을 알리는 뮤직비디오를 만든다.

④ 세계 여러 나라의 문화를 소개하는 안내 책자를 만든다.

4 다음 중 　보기　의 밑줄 친 말과 <u>다른</u> 의미로 쓰인 것은 무엇인가요? (　　　)

보기

<u>다</u>문화: 한 사회 안에 여러 민족이나 여러 나라의 문화가 섞여 있는 것.

① <u>다</u>수결

② <u>다</u>용도

③ <u>다</u>가가다

④ <u>다</u>양하다

분노로 가득 찬 축구 경기장

| 스포츠 |

아이스크림 어린이 신문

**혐오의 장소가 된 축구 경기장

선수들의 활약이 중심이 되어야 하는 축구 경기에서 *관중들의 인종 차별적 행위가 계속되어 선수들이 고통을 받고 있다. 지난달 이탈리아의 골키퍼 마이크는 축구 경기 중 운동장을 벗어나 선수 대기실에 10분간 머물렀다. 관중들이 흑인인 마이크를 *비하하고자 원숭이 소리를 냈기 때문이었다. 동료 선수들이 화가 난 그를 ㉠*달래 다시 운동장에 나왔고 그제서야 경기가 *재개되었다. 이날 인종 차별 행위를 한 네 명의 관중은 앞으로 5년간 경기장 출입을 금지당했다.

영국 축구팀인 버밍엄시티의 흑인 미드필더 바쿠나 역시 인종 차별을 당했다며 경찰에 피해를 신고했다. 관중의 인종 차별 행위를 알린 바쿠나는 이러한 행위 때문에 경기에 집중할 수 없었다고 말했다. 경찰은 CCTV를 통해 인종 차별 행위를 한 관중을 찾고 있으며, 잘못이 확인되면 경기장에 평생 출입할 수 없도록 할 예정이다.

이런 뜻이에요

- **혐오** 싫어하고 미워함.
- **관중** 운동 경기 혹은 공연을 구경하려고 모인 사람들.
- **비하하고자** 하찮게 생각해 낮추고자.
- **달래** 다른 사람을 어르고 타일러 힘든 감정이나 기분을 가라앉게 해.
- **재개되었다** 어떤 활동 혹은 회의가 한동안 멈춰 있다가 다시 시작되었다.

1 이 신문 기사에서 확인할 수 <u>없는</u> 것은 무엇인가요? (   )

① 마이크의 직업

② 바쿠나의 피부색

③ 인종 차별 행위에 대한 처벌

④ 바쿠나가 당한 인종 차별 내용

2 마이크가 겪은 일을 순서대로 골라 빈칸에 기호를 쓰세요.

> (가) 경기가 시작되었어요.
> (나) 동료 선수들이 마이크를 달랬어요.
> (다) 경기 중 관중들이 원숭이 소리를 냈어요.
> (라) 마이크는 운동장을 벗어나 대기실로 향했어요.
> (마) 인종 차별 행위를 한 관중의 경기장 출입이 금지되었어요.

• ((가)) → (   ) → (   ) → (   ) → (   )

3 다음 중 ㉠과 바꾸어 쓸 수 있는 낱말은 무엇인가요? (   )

① 위로해

② 가르쳐

③ 비난해

④ 부추겨

4 이 신문 기사를 읽고 난 뒤의 반응으로 알맞지 <u>않은</u> 것은 무엇인가요? (   )

① 인종 차별적 행동은 모두 금지해야 해요.

② 인종 차별을 한 관중에게 무거운 처벌을 내려야 해요.

③ 인종 차별을 당한 선수의 마음이 얼마나 상처받았을지 걱정돼요.

④ 인종 차별을 막기 위해 같은 인종끼리 축구 경기를 하도록 해야 해요.

3일

오늘의 낱말

다음 낱말을 소리 내어 읽어 보고 뜻을 살펴보세요.

각양각색
여러 가지 모양과 색깔.

고약하다
맛이나 냄새 등이 역하거나 매우 좋지 않음.

비옥하다
흙에 식물이 잘 자랄 수 있게 하는 성분이 많이 들어 있음.

유인하다
관심이나 흥미를 일으켜서 꾀어냄.

다음 낱말 퍼즐에서 오늘 배운 4개의 낱말을 찾아 ○표 하세요.

유	행	가	야	비
인	사	루	마	옥
하	루	약	과	하
다	고	약	하	다
각	양	각	색	소

미리 쌓는 배경지식

식물

🌿 풀과 나무처럼 스스로 움직일 수 없는 생명체예요.

🌿 식물은 햇빛과 물을 통해 스스로 살아갈 수 있지만, 동물은 식물이나 다른 동물을 먹어야 살아갈 수 있어요.

🌿 식물은 크게 꽃이 피는 식물과 꽃이 피지 않는 식물로 구분하기도 해요.

과학

각양각색 신기한 식물들

1문단 이 세상에는 *각양각색의 신기하고 특이한 식물들이 많아요. 그중 하나가 바로 식충 식물이에요. 식충 식물은 *비옥한 토양에서 햇빛과 물을 흡수하며 살아가는 다른 식물들과 달리 벌레를 잡아먹으면서 살아가는 식물이에요. 가장 대표적인 식충 식물은 끈끈이주걱이에요. 끈끈이주걱은 화려한 겉모습으로 벌레를 유혹한 뒤, 끈적끈적한 액을 묻혀 벌레가 움직이지 못하도록 만든 다음 잡아먹어요.

2문단 냄새로 벌레를 *유인하는 식물도 있어요. 파리지옥은 냄새로 파리를 유인해 파리가 잎에 앉으면 빠르게 잎을 닫아 버려요. 그리고 *소화액으로 파리를 녹여서 먹어요. 라플레시아도 냄새로 벌레를 유인해요. 라플레시아의 꽃은 피는 데에만 약 한 달이 걸릴 정도로 *거대해요. 게다가 벌레를 잡아먹기 위해 고기 썩는 냄새와 비슷한 *고약한 냄새를 풍기지요. 색깔도 파리가 좋아하는 붉은색이라 파리들은 라플레시아에게 꼼짝없이 속고 말아요. 일단 파리가 꽃 위에 앉으면 끈적거리는 꽃가루가 파리의 온몸에 묻어서 다시는 탈출하지 못해요.

3문단 벌레잡이통풀은 꿀로 벌레를 유인해요. 통처럼 생긴 잎 근처에 있는 꿀샘을 발견한 벌레가 꿀을 먹다가 소화액이 들어 있는 통 속으로 빠져 버리면 벌레잡이통풀의 사냥이 끝나지요. 벌레잡이통풀의 통은 엄청 커다래서 달팽이나 개구리까지도 잡아먹을 수 있어요.

이런 뜻이에요

- **각양각색** 여러 가지 모양과 색깔.
- **비옥한** 흙에 식물이 잘 자랄 수 있게 하는 성분이 많이 들어 있는.
- **유인하는** 관심이나 흥미를 일으켜서 꾀어내는.
- **소화액** 소화를 돕기 위해 몸속에서 분비되는 침, 위액 등의 액체.
- **거대해요** 엄청나게 커요.
- **고약한** 맛이나 냄새 등이 역하거나 매우 좋지 않은.

1 이 글에서 가장 중심이 되는 낱말에 ○표 하세요.

식충 식물	파리지옥	벌레잡이통풀

4주
3일

2 각 문단의 중심 내용으로 알맞은 것을 줄로 이으세요.

1문단 ·

2문단 ·

3문단 ·

· 끈끈이주걱은 화려한 겉모습으로 벌레를 유혹해요.

· 벌레잡이통풀은 벌레를 통 속에 빠뜨려 잡아먹어요.

· 파리지옥과 라플레시아는 냄새로 벌레를 유인해요.

3 이 글을 읽고, <u>틀린</u> 내용을 바르게 고쳐 쓰세요.

(1) 파리지옥은 꽃잎으로 파리를 녹여 먹어요.

(2) 벌레잡이통풀은 생김새로 벌레를 유인해요.

(3) 파리지옥의 꽃은 피는 데에 한 달 정도 걸려요.

4 다음 중 '벌레잡이통풀'은 무엇인가요? (   )

①

②

③

관찰 일기

누가 누가 더 셀까?

관찰 일기장

일 시	20○○년 ○○월 ○○일	관 찰 자	임현재
관찰 대상	장수풍뎅이와 사슴벌레	관찰 장소	단빛초등학교 화단

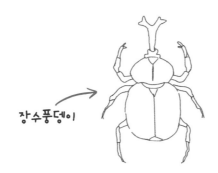

장수풍뎅이

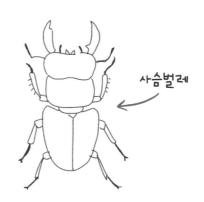

사슴벌레

　　과학 시간에 장수풍뎅이와 사슴벌레를 관찰했다. 장수풍뎅이는 예전에 친구 집에서 본 적이 있었는데, 사슴벌레는 이번에 처음 보게 되어서 살짝 무서웠다.

　　장수풍뎅이와 사슴벌레를 관찰해 보니 장수풍뎅이는 머리에 긴 뿔이 달려 있었고, 사슴벌레에 비해서 다리가 짧았다. 몸은 볼록한 편이었고 색깔은 검정색을 띠었다. 사슴벌레의 머리에는 집게가 달려 있었는데 사슴의 뿔처럼 생겼다. 사슴벌레는 머리 모양 때문에 　　　　㉠　　　　 라고도 불린다고 선생님께서 알려 주셨다. 색깔은 갈색에 가까웠고, 넓적한 몸을 뒤집어 보니 다리 쪽에 노란색 무늬가 있어 장수풍뎅이와 확실히 구별할 수 있었다.

　　윤정이가 둘이 싸우면 누가 이기느냐고 선생님께 질문하자, 선생님께서는 장수풍뎅이가 대부분 이긴다고 말씀하셨다. 우리가 본 장수풍뎅이는 사슴벌레보다 더 작았는데, 정말 이길 수 있을까? 그렇다고 싸움을 붙여 볼 수도 없어서 ●알쏭달쏭했다.

이런 뜻이에요

● **알쏭달쏭했다** 　그런 것 같기도, 그런 것 같지 않기도 해 빨리 알 수가 없는 상태였다.

1 이와 같은 관찰 일기를 쓰는 방법으로 맞으면 ○표, 틀리면 ×표 하세요.

(1) 관찰 대상과 관찰 장소를 써요. ( )

(2) 관찰하지 않은 내용을 꾸며서 써요. ( )

(3) 자신이 이미 알고 있던 내용만 써요. ( )

(4) 관찰한 내용을 중심으로 그림을 그려 봐요. ( )

2 이 관찰 일기의 내용을 다음과 같이 간추렸어요. 알맞지 <u>않은</u> 내용은 무엇인가요?

( )

	장수풍뎅이	사슴벌레
머리	① 뿔이 짧게 나 있다.	집게가 사슴의 뿔처럼 생겼다.
몸	볼록하다.	② <u>넓적하다</u>.
다리	③ <u>짧다</u>.	노란색 무늬가 있다.
색깔	검정색을 띠었다.	④ <u>갈색에 가까웠다</u>.

3 ㉠에 들어갈 알맞은 말을 찾아 ○표 하세요.

무당벌레   집게벌레   폭탄먼지벌레

4 이 관찰 일기를 이어서 쓸 때, 관찰할 수 있는 내용으로 알맞지 <u>않은</u> 것은 무엇인가요? ( )

① 장수풍뎅이와 사슴벌레의 생김새

② 장수풍뎅이와 사슴벌레를 만졌을 때의 느낌

③ 장수풍뎅이와 사슴벌레의 암컷과 수컷의 차이

④ 장수풍뎅이와 사슴벌레가 먹이를 옮기는 모습

4일

오늘의 낱말

다음 낱말을 소리 내어 읽어 보고 뜻을 살펴보세요.

용암

화산이 폭발할 때 솟구쳐서 나온 마그마. 또는 그것이 굳어서 된 암석.

재

불에 타고 남은 가루.

웅장하다

분위기나 크기 등이 무게가 있거나 무척 큼.

정복하다

사람이 가기 매우 힘든 곳을 어려움을 이겨 내고 감.

오늘의 퀴즈

다음 낱말과 알맞은 뜻을 줄로 이으세요.

용암 ·

재 ·

웅장하다 ·

정복하다 ·

· 불에 타고 남은 가루.

· 분위기나 크기 등이 무게가 있거나 무척 큼.

· 사람이 가기 매우 힘든 곳을 어려움을 이겨 내고 감.

· 화산이 폭발할 때 솟구쳐서 나온 마그마. 또는 그것이 굳어서 된 암석.

미리 쌓는 배경지식

화산

- 땅속에 있는 용암이나 가스가 땅을 뚫고 터져 나오는 것 혹은 그로 인해 생긴 산을 말해요.
- 화산이 폭발할 때 지진이나 산불, 산사태가 날 수 있고 용암과 화산재 등이 흘러 나오므로 가까이 있으면 매우 위험해요.
- 활동을 하고 있는 화산과 활동을 쉬고 있는 화산, 그리고 완전히 활동을 멈춘 화산으로 나눌 수 있어요.

국어

폼페이에서 있었던 일

1문단 "루카! 내 아들 루카, 어디에 있니?"

이상한 날이었어요. 하늘에서 회색 눈 같은 것이 마구 휘날리고 있었어요. 어디선가 불이 났는지 하늘이 잔뜩 흐리고 *뿌연 연기가 가득해 깜깜했어요. 꼭 밤이 온 것만 같았어요. 엄마는 말씀하셨어요. 베수비오 화산이 *폭발해서 지금 당장 집을 떠나야 한다고요.

2문단 나는 엄마와 아빠, 동생 모니카와 함께 정신없이 집을 나왔어요. 우리 집은 화산에서 그리 멀지 않은 곳에 있었기 때문이에요. 화산에서 뜨거운 *용암이 흘러내리면서 땅이 *일렁였어요. 하늘에 날리는 회색 눈은 화산재라는 것이었어요. *재가 날아들면서 내가 살던 도시인 폼페이는 엉망이 되어 버렸어요. 사람들이 여름마다 휴가를 오는 아름다운 도시가 눈 깜짝할 사이에 지옥이 되어 버렸어요. 나와 모니카는 부모님을 끌어안고 엉엉 울었어요. 너무 무서웠어요.

3문단 "아빠, 극장도 목욕탕도 사라져 버렸어요……."

"그래. 용암 때문에 무너졌거나 화산재에 묻혀 버렸나 봐."

우리 가족은 화산 폭발이 멈추기를 기다렸다가, 며칠 뒤에야 집으로 향할 수 있었어요. 도시는 *본모습을 전혀 찾아볼 수 없었어요. 마침내 집 앞에 도착했지만, 우리 집은 아예 사라지고 없었어요. 우리 집도 화산 폭발의 영향을 피해 갈 수 없었던 거예요. ㉠엄마와 아빠는 집이 사라진 걸 가만히 보고만 계셨어요. 그때 옆집에 살던 젬마가 나타나 부모님을 잃어버렸다며 도움을 요청했어요. 우리 가족은 젬마의 부모님이 꼭 살아 있길 바라며 함께 그들을 찾아 나섰어요.

이런 뜻이에요

- **뿌연** 안개나 연기가 낀 것처럼 선명하지 못하고 조금 허연.
- **폭발해서** 힘이나 열기 등이 갑자기 퍼지거나 일어나서.
- **용암** 화산이 폭발할 때 솟구쳐서 나온 마그마. 또는 그것이 굳어서 된 암석.
- **일렁였어요** 큰 물건이나 물결 등이 이리저리 크게 흔들렸어요.
- **재** 불에 타고 남은 가루.
- **본모습** 원래의 모습.

1 이 글의 줄거리를 다음과 같이 간추렸어요. 빈칸에 들어갈 알맞은 말을 쓰세요.

> 루카가 살던 도시 폼페이에서 베수비오 화산이 _____했어요. 루카의 가족은 집을 떠나 안전한 곳으로 피했고, 화산이 활동을 멈추기를 기다렸어요. 도시는 엉망이 되었고 루카의 집 또한 사라져 버렸어요.

2 베수비오 화산 폭발로 인해 생긴 피해로 맞으면 ○표, 틀리면 ×표 하세요.

(1) 젬마의 부모님이 돌아가셨어요.   (   )

(2) 도시의 극장과 목욕탕이 사라졌어요.   (   )

(3) 화산 근처에 있던 루카의 집이 사라졌어요.   (   )

3 ㉠에 나타난 부모님의 심정을 짐작한 것으로 알맞은 것은 무엇인가요? (   )

① 기쁨.

② 그리움.

③ 편안함.

④ 절망적임.

4 이 글에 이어질 뒷이야기를 상상한 것으로 알맞지 <u>않은</u> 것은 무엇인가요? (   )

① 우리 가족은 젬마의 부모님을 다시 만나요.

② 화산 폭발이 있기 직전 땅이 흔들리기 시작해요.

③ 화산 폭발로 세상을 떠난 루카의 친구를 발견해요.

④ 도시를 예전 모습으로 되돌리기 위해 모두가 힘을 합쳐요.

실생활 문해력

ⓘ SNS

백록담과 천지에 다녀왔어요

📷 POST ✈

♡ 💬 ✈ 🔖

산사랑 정말 가고 싶었던 한라산의 백록담을 드디어 *정복했어요! 새벽에 일어나 혼자 등산해야 하는 건 힘들었지만, 백록담을 보는 순간 피로가 한 번에 씻겨 내려갔어요. 화산 폭발 뒤에 용암이 흘러나와서 담이 되어 굳어 버리면 가운데가 ㉠움푹 파이는데 그걸 화구라고 해요. 그리고 여기에 호수처럼 물이 *고이면 화구호가 되지요. 바로 한라산 정상에 있는 백록담이 화구호예요. 날씨가 좋아 사진이 너무 예쁘게 잘 나왔지요?

60일 전

📷 POST ✈

♡ 💬 ✈ 🔖

산사랑 한라산 백록담을 직접 본 이후, 백두산의 천지도 보고 싶어서 부모님과 여행을 다녀왔어요. 천지는 백록담보다 훨씬 큰 호수인데요. 화산 폭발 때문에 생긴 건 백록담과 똑같지만, 천지의 크기가 훨씬 커요. 천지는 화구호가 아니라 '칼데라호'라고 불러요. 칼데라호는 화산이 폭발하면서 폭발하는 곳 주변의 땅까지 푹 *꺼지거나 무너지면서 생긴 큰 호수를 말해요. 남북의 폭이 거의 4.6km 정도라 백록담보다 훨씬 넓고 *웅장했어요!

1시간 전

이런 뜻이에요

- **정복했어요** 사람이 가기 매우 힘든 곳을 어려움을 이겨 내고 갔어요.
- **고이면** 가운데가 패어 있는 곳에 냄새, 액체, 기체 등이 모이면.
- **꺼지거나** 바닥 등이 내려앉아서 빠지거나.
- **웅장했어요** 분위기나 크기 등이 무게가 있거나 무척 컸어요.

1 이 글의 내용으로 알맞지 <u>않은</u> 것은 무엇인가요? (   )

① 천지의 남북의 폭은 약 4.6km 정도예요.

② 백록담과 천지의 크기는 비슷한 수준이에요.

③ 백록담과 천지는 화산 폭발 때문에 생긴 호수예요.

④ 화구는 화산 폭발 뒤에 용암이 굳은 후 움푹 파여서 생기는 것이에요.

2 이 글을 읽고 난 뒤의 반응으로 알맞지 <u>않은</u> 것은 무엇인가요? (   )

①
글쓴이는 평소 한라산을 가고 싶어 했구나.

②
글쓴이는 한라산과 백두산을 부모님과 올랐구나.

③
글쓴이는 화산 폭발 후 생긴 호수에 대해 관심이 많구나.

3 이 글과 ⟨보기⟩를 읽고 짐작한 내용으로 알맞은 것에 ○표 하세요.

⟨보기⟩

백두산은 화산이 폭발하면서 만들어졌으며, 지난 100년간 백두산 근처에서 꾸준히 지진이 발생하고 있는 것으로 보아 또다시 화산이 폭발할 가능성이 있어요. 전문가들은 백두산이 폭발하게 되면, 천지의 물이 마을로 흘러내릴 수 있다고 보고 있어요.

(1) 천지가 큰 호수인 만큼 물이 쏟아지면 큰 홍수가 날 거야.   (   )

(2) 백두산은 한라산과 달리 화산이어서 꾸준히 지진이 발생해.   (   )

4 다음 중 ㉠의 뜻으로 알맞은 것은 무엇인가요? (   )

① 여럿이 모두 조금 긴 모양.

② 여러 가닥으로 갈라진 모양.

③ 가운데가 둥글게 푹 들어간 모양.

④ 겉으로 조금 도드라지거나 튀어나온 모양.

오늘의 낱말

다음 낱말을 소리 내어 읽어 보고 뜻을 살펴보세요.

생존
살아남음. 또는 살아 있음.

수칙
지키도록 정해 놓은 규칙.

응급
급한 상황에 알맞게 행동함. 또는 급한 대로 먼저 처리함.

의무
법으로 정해져 강제성이 있는, 반드시 해야 하는 일.

빈칸에 들어갈 알맞은 낱말을 보기 에서 골라 쓰세요.

보기

| 생존 | 수칙 | 응급 | 의무 |

1 동물들은 ☐☐ 을 위해 사냥을 해요.

2 ☐☐ 환자를 발견하고 119에 신고했어요.

3 운전자는 교통안전 ☐☐ 을 잘 지켜야 해요.

4 우리나라 법전에는 국민의 ☐☐ 가 쓰여 있어요.

미리 쌓는 배경지식

수영

- 손발을 이용해서 물속을 헤엄치는 운동이에요.
- 수영에는 자유형, 배영, 평영, 접영 등 여러 가지 수영법이 있어요.
- 수영장을 이용하기 위해서는 샤워를 하고 입장해야 하며, 바닥이 미끄러우니 뛰지 말아야 해요. 준비 운동을 한 뒤 물에 들어가는 것도 중요해요.

체육

물속에서 살아남기

1문단 물놀이를 하다 보면 물살에 휩쓸려 °응급 상황을 겪을 수 있어요. 이럴 때를 대비하여 '°생존 수영'을 배워야 해요. 생존 수영은 단순히 수영을 잘하는 것과는 달리 살아남기 위한 수영법을 말해요.

2문단 생존 수영에서 가장 중요한 기본 °수칙은 세 가지예요. 만약 우리가 물에 빠졌다고 상상해 보세요. 첫째로 당황하지 말아야 해요. 둘째로 체력 °소모를 최대한 줄여야 해요. 마지막으로 호흡을 °규칙적으로 유지해야 해요.

3문단 앞에서 말한 기본 수칙을 지키면서 상황에 따라 세 가지 방법 중 가장 적절한 것을 선택할 수 있어요. 첫 번째 방법인 '잎새 뜨기'는 몸에 힘을 빼고 물 위에 누워서 턱을 최대한 드는 자세를 °취하는 것이에요. 그대로 양팔을 펼친 다음 발로 물장구를 살짝살짝 쳐서 물에 몸을 뜨게 해요. 이 방법은 몸을 물에 뜨게 하기 때문에 체력 소모를 줄여 줘요. 두 번째는 '스컬링'으로, 물 위에 눕거나 물속에서 선 자세로 양팔로 노를 젓는 것처럼 움직이는 방법이에요. 스컬링은 안전한 곳으로 이동하기보다는 떠 있게 도와주는 방법이에요. 마지막 방법은 '주변에 있는 물건 이용하기'예요. 물에 휩쓸렸을 때 옆에 있는 페트병이나 비닐봉지, 가방 등을 붙잡아서 그 안에 공기를 담아 겨드랑이에 끼우면 도움이 돼요.

4문단 프랑스나 일본, 독일 등의 나라에서는 이미 생존 수영을 °의무로 교육하고 있어요. 우리나라에서도 생존 수영을 교육하려고 노력 중이지만 지역에 따라 수영장이 없는 경우와 같은 문제로 어려움을 겪고 있어요. 그런 경우, 안전한 물놀이를 즐기기 위해서 ㉠

이런 뜻이에요

- **응급** 급한 상황에 알맞게 행동함. 또는 급한 대로 먼저 처리함.
- **생존** 살아남음. 또는 살아 있음.
- **수칙** 지키도록 정해 놓은 규칙.
- **소모** 사용해서 없앰.
- **규칙적** 어떤 일이나 현상에 일정한 형태 혹은 유형이 나타나는 것.
- **취하는** 어떤 자세를 하는.
- **의무** 법으로 정해져 강제성이 있는, 반드시 해야 하는 일.

1 이 글을 읽고, 무엇에 대해 쓴 글인지 찾아 ○표 하세요.

| 물놀이 | 생존 수영 | 의무 교육 |

2 이 글을 읽고, 생존 수영의 기본 수칙으로 알맞지 <u>않은</u> 것은 무엇인가요? (　　　)

① 물장구치기
② 당황하지 않기
③ 체력 소모 줄이기
④ 규칙적인 호흡 유지하기

3 생존 수영 방법을 다음과 같이 요약했어요. ㉮, ㉯에 들어갈 알맞은 말을 쓰세요.

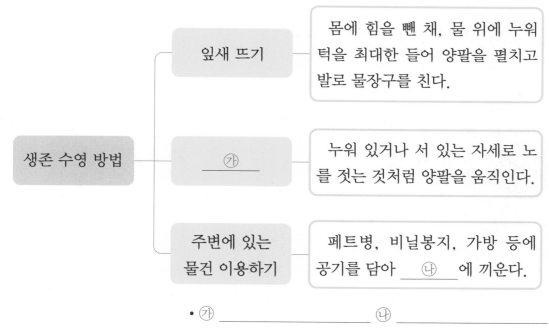

생존 수영 방법

잎새 뜨기 — 몸에 힘을 뺀 채, 물 위에 누워 턱을 최대한 들어 양팔을 펼치고 발로 물장구를 친다.

㉮ — 누워 있거나 서 있는 자세로 노를 젓는 것처럼 양팔을 움직인다.

주변에 있는 물건 이용하기 — 페트병, 비닐봉지, 가방 등에 공기를 담아 ____㉯____ 에 끼운다.

• ㉮ _____　㉯ _____

4 다음 중 ㉠에 들어갈 알맞은 말은 무엇인가요? (　　　)

① 무조건 친구와 함께 수영장에 가요.
② 수영장을 방문하는 횟수를 줄여야 해요.
③ 스스로 생존 수영을 익히는 것이 좋아요.
④ 생존 수영을 가르치지 않는 학교에 전화해요.

물놀이 안전, 이것만은 지켜요!

물놀이 안전 수칙

정해진 곳에서만 물놀이하기	물놀이 전 충분한 준비 운동 하기
수영장 근처에서 뛰어다니지 않기	식사를 한 후 바로 물에 들어가지 않기
물놀이를 할 때 반드시 구명조끼 ㉠착용하기	물놀이를 하면서 사탕이나 껌 등을 씹지 않기
물놀이를 할 때 항상 어른과 같이 물에 들어가기	물에 들어가기 전, 심장에서 먼 곳부터 물 적시기
계곡, 강가, 바닷가에서는 잠금 장치가 있는 샌들 신기	파도가 높거나, 물이 세게 흐르거나, 깊은 곳에서는 수영하지 않기

이런 뜻이에요

● **착용하기** 의복, 모자, 신발, 액세서리 등을 입거나, 쓰거나, 신거나 차거나 하기.

1 이 안내문을 쓴 목적으로 알맞지 <u>않은</u> 것은 무엇인가요? (   )

① 물놀이로 인한 피해를 줄이기 위해서

② 안전하고 즐겁게 물놀이를 하기 위해서

③ 응급한 상황의 발생을 미리 막기 위해서

④ 물놀이의 즐거움을 많은 사람에게 알리기 위해서

2 보기 를 읽고, '나'가 가리키는 것이 무엇인지 이 글에서 찾아 쓰세요.

보기

　나는 무엇일까요? 나는 사람의 목숨을 구해요. 물에 빠졌을 때 나를 사용하면 몸이 가라앉지 않고 물에 뜰 수 있어요. 그러므로 물놀이를 할 때는 나를 잊지 말아야 해요.

3 다음 중 ㉠과 바꾸어 쓸 수 있는 낱말은 무엇인가요? (   )

① 쓰기

② 차기

③ 입기

④ 신기

4 이 안내문의 물놀이 안전 수칙을 <u>잘못</u> 이해한 어린이는 누구인가요? (   )

① 얕은 강에서 수영을 한 초록

② 바다에 들어가기 전 씹던 껌을 뱉은 민아

③ 계곡에서 슬리퍼를 신고 물놀이를 한 노을

④ 수영장에 들어가면서 발끝부터 물에 적신 정진

사진 출처

셔터스톡   https://shutterstock.com/ko

국립민속박물관   https://nfm.go.kr

한국방송광고진흥공사   https://kobaco.co.kr

아이와 평생
함께할 습관을
만듭니다.

아이스크림 홈런 2.0
공부를 좋아하는 습관

오늘의 성적을 넘어
아이와 평생 함께할 습관을 만듭니다.

틀리는 것을 두려워하지 않는 습관
궁금한 것은 끝까지 파보는 습관
스스로 설정한 목표는 해내고야 마는 습관
그렇게, 공부를 좋아하는 습관

결국 습관이 이긴다.

아이스크림 홈런 2.0
공부를 좋아하는 습관

아이스크림 홈런이 만드는 '공부를 좋아하는 습관'을 지금 확인해 보세요.

교과서부터 실생활까지
꽉 잡는 문해력 챌린지

교과서
실생활

문해력

정답과 해설

3단계

초등 3·4학년

이렇게 활용해요

정답과 오답의 이유를 꼼꼼히 확인해요.
이해하기 어려운 내용은 주변 어른에게 물어봐요.

교과서

교실 생활

문해력

정답과 해설

3단계

초등 3·4학년

1주

1일

10~15쪽

오늘의 퀴즈

1 신화　　　　　2 유래
3 당부　　　　　4 일화

교과서 문해력

1 고사성어
2 ✗
3 ②
4 (2) ○

실생활 문해력

1 ④
2 (1) ○ (2) ✗ (3) ○
3 나를 싫어하는 것 같은 친구의 핸드폰
4 ②

▶ **교과서 문해력 - 역지사지에 담긴 이야기** ◀

• **글의 종류** 설명하는 글
• **글의 주제** 고사성어

---

1 이 글은 고사성어에 대해 쓴 글이에요. 고사성어란 무엇인지, 고사성어의 예시와 고사성어를 사용하면 좋은 점에 대해 설명하고 있어요.

지도 TiP | 고사성어는 옛이야기에서 유래한 말이고, 사자성어란 네 글자로 이루어진 말로, 차이가 있음을 가르쳐 주세요.

2 1문단에서는 고사성어는 옛이야기에서 생겨나 수천, 수백 년 동안 전해 내려오는 말이라고 설명하고 있어요. 2문단에서는 고사성어는 옛사람들의 지혜 혹은 교훈을 엿볼 수 있다고 설명하고 있어요. 3문단에서는 고사성어를 통해 하고자 하는 말을 강조하여 전달할 수 있다고 설명하고 있어요.

3 ② 고사성어는 옛이야기 속에서 생겨났어요. 오늘날에도 새롭게 만들어지고 있다는 내용은 이 글에 나타나 있지 않아요.

---

4 (2) ○ 하우와 후직은 자신들이 일을 하지 않으면 백성들이 어려운 일을 겪을 수 있다며 열심히 나랏일을 돌보았어요. 이 두 사람의 일화에서 자신들의 입장보다는 다른 사람의 입장을 먼저 생각하고 배려했기 때문에 역지사지라는 말이 생겨났다고 짐작할 수 있어요.

▶ **실생활 문해력 - 상자 속에 든 비밀** ◀

• **글의 종류** 게임
• **글의 주제** 판도라의 상자

---

1 ④ 판도라가 상자를 열자, 상자에서는 욕심, 질투, 슬픔, 질병 등이 튀어나와 세상을 고통에 빠트렸어요. 이 이야기를 통해 고사성어 '판도라의 상자'는 '알았을 때 위험하거나 좋을 것이 없는 비밀'을 뜻한다고 짐작할 수 있어요.

2 (1) ○ 판도라는 궁금증을 참지 못하고 상자를 열어 볼 정도로 호기심이 많아요.

(2) ✗ 판도라는 에피메테우스와 결혼하면서 그의 아내가 되었어요.

(3) ○ 판도라는 제우스가 진흙을 빚어 만든 여인이에요.

3 '판도라의 상자'는 '알았을 때 위험하거나 좋을 것이 없는 비밀'이에요. 나를 싫어하는 것 같은 친구의 핸드폰이 바로 '판도라의 상자'라고 할 수 있어요.

4 ② ㉠에 사용된 '빠트렸어요.'는 '어려운 지경에 놓이게 하였어요.'를 뜻하는 말이에요. 이와 같은 뜻으로 사용된 것은 '친구를 함정에 빠트렸어요.' 예요.

오답 풀이 ① '물이나 구덩이 또는 어떤 깊숙한 곳에 빠지게 함.'이라는 뜻으로 사용되었어요.

③ '빼어 놓아 버림.'이라는 뜻으로 사용되었어요.

④ '조심하지 않고 물건을 흘리어 잃어버림.'이라는 뜻으로 사용되었어요.

쉬어가기

덮이다(○), 덮히다(✗)

'보자기가 덮이다.'처럼 '겉에 다른 물건이 씌워짐.'을 뜻하는 말은 '덮이다'예요. 하지만 발음 때문인지 '덮히다'로 잘못 쓰는 경우가 있어요. 앞으로는 헷갈리지 말고 제대로 쓰도록 해요.

오늘의 퀴즈

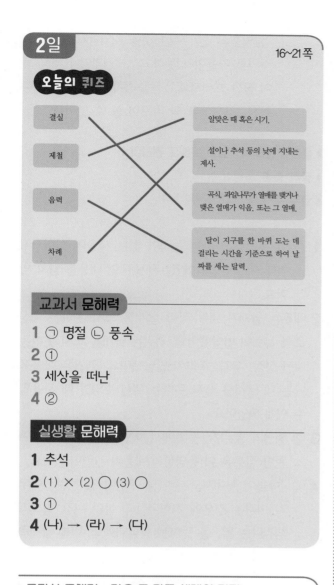

결실	알맞은 때 혹은 시기.
제철	설이나 추석 등의 낮에 지내는 제사.
음력	곡식, 과일나무가 열매를 맺거나 맺은 열매가 익음. 또는 그 열매.
차례	달이 지구를 한 바퀴 도는 데 걸리는 시간을 기준으로 하여 날짜를 세는 달력.

교과서 문해력

1 ㉠ 명절 ㉡ 풍속

2 ①

3 세상을 떠난

4 ②

실생활 문해력

1 추석

2 (1) × (2) ○ (3) ○

3 ①

4 (나) → (라) → (다)

▶ **교과서 문해력 - 같은 듯 다른 세계의 명절** ◀

‣ **글의 종류** 설명하는 글

‣ **글의 주제** 세계 여러 나라의 명절과 세시 풍속

1 이 글은 세계 여러 나라의 명절과 세시 풍속에 대해 설명하는 글이에요. 이 글을 통해 한국, 중국, 미국, 멕시코, 네덜란드, 수단 등 다양한 나라의 명절과 세시 풍속에는 무엇이 있는지 알 수 있어요.

2 ① 중국에서는 춘절 저녁에 폭죽놀이를 해요.

3 ‘죽다’의 높임 표현인 ‘돌아가시다’와 비슷한 표현으로 ‘세상을 떠나다’를 사용할 수 있어요. 이 글에서는 ‘세상을 떠난’이라는 표현이 사용되었어요.

4 ② 네덜란드는 새해 첫날 차가운 바다에서 수영을 하지만, 우리나라는 새해 첫날 웃어른에게 세배하고 차례를 지내요. 이 글에 우리나라와 네덜란드의 세시 풍속에 비슷한 점이 많다고 추측할 수

있는 내용은 나타나 있지 않아요.

지도Tip ┃ 우리나라와 비슷한 명절 문화를 가지고 있는 나라는 중국이에요. 설날 세배했을 때 세뱃돈을 주거나 명절에 부모님을 만나러 가는 것 등이 비슷하다는 점을 가르쳐 주세요.

▶ **실생활 문해력 - 모두 모여 함께 먹는 과자** ◀

‣ **글의 종류** 백과사전

‣ **글의 주제** 월병

1 음력 8월 15일은 중국의 중추절이자 한국의 추석이에요.

2 (1) × 월병의 크기는 이 글에 나와 있지 않아 알 수 없어요.

(2) ○ 월병을 만들기 위해서는 밀가루, 계란, 꿀, 설탕 등의 재료가 필요하다고 설명하고 있어요.

(3) ○ 월병은 동그란 보름달 모양에서 이름이 유래된 과자라고 했어요.

3 ① 월병은 밀가루 등으로 만들지만, 송편은 쌀을 빻아 반죽하여 만들어요. 이를 통해 월병과 송편은 만드는 재료가 다름을 알 수 있어요.

오답 풀이 ② 월병은 동그란 보름달 모양이고, 송편은 반달 모양임을 사진을 통해 알 수 있어요.

③ 송편은 수확을 축하하는 의미로 만들어요.

④ 송편은 찜통에 넣고 쪄서 만들어요.

4 순서대로 (가) → (나) → (라) → (다)예요. 월병은 밀가루로 반죽을 만들어, 반죽을 월병 모양의 틀에 넣어요. 그다음 틀에 넣은 반죽 위에 속 재료를 채우고, 그 위에 반죽을 덮어요. 그리고 반죽 위에 계란물을 바른 뒤 오븐에 구워요.

쉬어가기

무릅쓰다(○), 무릎쓰다(×)

‘무릅쓰다’란 ‘힘들고 어려운 일을 참고 견딤.’이라는 뜻이에요. 우리 몸에 달려 있는 ‘무릎’과는 상관없으니 ‘무릅쓰다’라고 제대로 쓰도록 해요.

3일

22~27쪽

오늘의 퀴즈

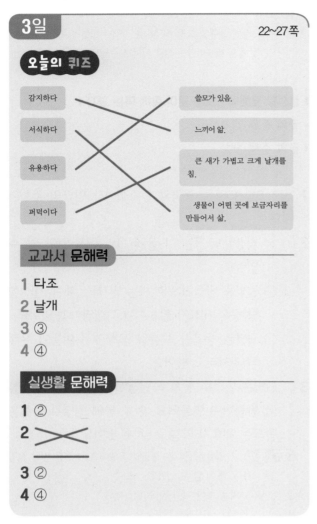

감지하다 — 느끼어 앎.
서식하다 — 생물이 어떤 곳에 보금자리를 만들어서 삶.
유용하다 — 쓸모가 있음.
퍼덕이다 — 큰 새가 가볍고 크게 날개를 침.

교과서 문해력

1 타조
2 날개
3 ③
4 ④

실생활 문해력

1 ②
2 ╳
3 ②
4 ④

▶ 교과서 문해력 - 날지 못하는 날개를 가진 새 ◀

• 글의 종류 설명하는 글
• 글의 주제 타조

1 이 글은 타조에 대해 쓴 글이에요. 타조의 신체 구조에 대해 설명하고 있어요.

2 빈칸에 들어갈 알맞은 말은 '날개'예요. 타조의 날개는 타조가 균형을 잡아 빠르게 달릴 수 있게 하고, 약한 피부를 보호하기도 해요. 또한 적들로부터 긴 목을 가리는 데 사용하고, 감정을 표현하는 데 사용할 수도 있어요.

3 ③ 이 글에서 타조는 치타만큼이나 빠르게 달릴 수 있다고 하였어요. 즉, 치타는 타조만큼이나 빠르게 달릴 수 있어요.

4 ④ ㉠ '감지하고'는 '느끼어 알고.'라는 뜻이에요.

'깜빡하고'는 '어떤 것을 기억하지 못하거나 주의를 기울이지 못하고.', '기억이나 의식 등이 잠깐 흐려지고.' 등을 뜻하는 말이에요. 따라서 '감지하고'와 바꾸어 쓸 수 없어요.

▶ 실생활 문해력 - 날지 못해도 괜찮아 ◀

• 글의 종류 동영상
• 글의 주제 동물의 날개와 진화

---

1 ② 이 동영상은 비행 능력이 없는 새들이 살아가기 위해 어떻게 진화하였는지에 대한 내용을 담고 있어요.

2 에뮤는 날개가 너무 작아 날개를 쓰지 못하는 대신 소화 능력이 발달했어요. 키위는 날개를 쓰지 못하는 대신 청각, 후각, 촉각이 발달했어요. 펭귄은 하늘을 나는 데 날개를 쓰지 못하는 대신 수영할 때 사용할 수 있게 되었어요.

3 ② 펭귄의 부리가 물속에서 어떤 역할을 하는지에 관한 질문은 이 동영상의 내용과 관련이 없어요.

4 ④ '하늘이 무너져도 솟아날 구멍이 있다'란 '아무리 어려운 경우에 처하더라도 살아 나갈 방도가 생긴다는 말.'을 뜻하는 속담이에요. 비록 날개로 날 수는 없지만 각자 필요한 능력을 선택해서 발달시킨 동물들의 모습을 보고 이 속담을 떠올릴 수 있어요.

오답 풀이 ① '상대편은 마음에 없는데 자기 스스로 요구하여 대접을 받는 경우를 비유적으로 이르는 말.'이에요.

② '내용이 좋으면 겉모양도 반반함을 비유적으로 이르는 말.'이에요. '겉모양새를 잘 꾸미는 것도 필요함을 비유적으로 이르는 말.'이라는 뜻도 가지고 있어요.

③ '손해를 크게 볼 것을 생각하지 않고 자기에게 마땅치 아니한 것을 없애려고 그저 덤비기만 하는 경우를 비유적으로 이르는 말.'이에요.

쉬어가기

어떡해(○), 어떻해(╳)

많은 사람이 틀리는 맞춤법이에요. '어떡해'는 '어떻게 해'의 준말로, '어떻해'는 틀린 표기라는 점을 꼭 기억하세요.

4일

오늘의 퀴즈

입주자, 갈등, 반려견, 완화하기

교과서 문해력

1 층간 소음
2 ②
3 (2) ○
4 ②

실생활 문해력

1 (1) ○ (2) ○ (3) ✕
2 ③
3 ③
4 ④

▶ **교과서 문해력 - 서로 배려하는 사람이 됩시다** ◀

‣ **글의 종류** 주장하는 글
‣ **글의 주제** 층간 소음을 줄이는 방법

---

1 이 글은 층간 소음을 줄일 것을 주장하는 글이에요.

2 ② ㉮에는 층간 소음을 줄이는 방법이 들어가야 해요. 실내에서 푹신한 실내화를 신으면 층간 소음을 줄일 수 있어요.

(오답 풀이) ①, ③, ④ 오히려 층간 소음을 일으키는 활동이에요.

3 (2) ○ '붉히다'는 '성이 나거나 또는 부끄러워 얼굴을 붉게 함.'이라는 뜻이에요. 이 글에서는 층간 소음 때문에 이웃끼리 서로 갈등이 생겨난다는 의미로 '얼굴을 붉히다'가 사용되었어요. 그러므로 ㉠의 뜻을 알맞게 짐작한 것은 (2)예요.

4 ② 4문단에 이어질 내용은 앞선 내용과 이어지면서 그동안 나오지 않았던 내용이 제시되는 것이 적절해요. 층간 소음으로 이웃과 갈등이 생겼을 때의 대처법을 4문단에 쓸 수 있어요.

(오답 풀이) ① 이 글의 1문단에 층간 소음이 발생하는 원인이 무엇인지 나타나 있어요.
③ 이 글은 층간 소음을 일으키지 말자고 주장하고 있어요. 층간 소음으로 힘들 때 이웃에게 되갚아 줄 방법을 4문단에 덧붙이는 것은 적절하지 않아요.

▶ **실생활 문해력 - 행복한 공동 주택 만들기** ◀

‣ **글의 종류** 안내문
‣ **글의 주제** 공동 주택 생활 예절

---

1 (1) ○ 이 안내문은 높임말을 사용해 격식을 표현하고 있어요.

(2) ○ 이 안내문은 공동 주택 생활 예절을 지키기 위해 하지 말아야 할 행동을 명확히 요청하고 있어요.

(3) ✕ 이 글에서는 줄임말을 사용하지 않았어요.

2 ③ 주말 낮에 자신의 방을 청소하는 행위는 공동 주택 생활 예절을 지킨 거예요.

(오답 풀이) ①, ②, ④ 모두 공동 주택 생활 예절에 어긋나는 행동이에요.

3 ③ 이 글에서는 공동 주택 생활 예절을 지켜 달라는 당부를 하고 있어요. 〈보기〉에서는 유리창이 깨진 자동차를 내버려두면 그 거리에는 무질서와 범죄가 널리 퍼질 수 있다는 것을 설명하고 있어요. 이에 따라 사소한 무질서를 내버려두면 더 큰 무질서가 돌아올 수 있으니 생활 예절을 잘 지켜야 한다는 것이 글을 읽고 난 뒤의 반응으로 알맞아요.

4 ④ ㉠에 사용된 '돌리는'은 '기능이나 체제를 작동시키는.'을 뜻하는 말이에요. 이와 같은 뜻으로 사용된 것은 '재봉틀을 돌리는 세탁소 아주머니의 손길이 바빴다.'예요.

(오답 풀이) ① '물체를 일정한 축을 중심으로 원을 그리면서 움직이게 하는.'이라는 뜻으로 사용되었어요.
② '어떤 물건을 나누어 주거나 배달하는.'이라는 뜻으로 사용되었어요.
③ '다른 사람에게 책임이나 공로를 넘기는.'이라는 뜻으로 사용되었어요.

쉬어가기

낳다와 낫다

'낳다'와 '낫다'를 헷갈려서 잘못 쓰는 경우가 많아요.

'낳다'란 '배 속의 아이, 새끼, 알을 몸 밖으로 내놓음.', '어떤 결과를 이루거나 가져옴.'이라는 뜻이에요.

'낫다'란 '병이나 상처 등이 고쳐져 본래대로 됨.', '보다 더 좋거나 앞서 있음.'이라는 뜻이에요.

5일

오늘의 퀴즈

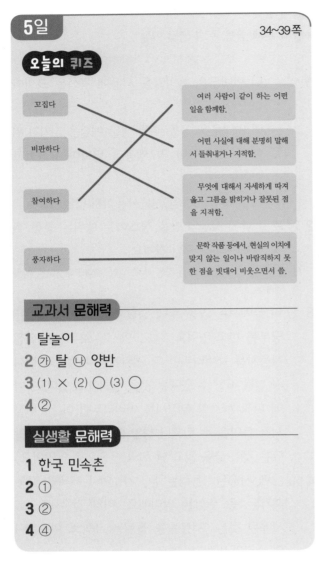

꼬집다	여러 사람이 같이 하는 어떤 일을 함께함.
비판하다	어떤 사실에 대해 분명히 말해서 들춰내거나 지적함.
참여하다	무엇에 대해서 자세하게 따져 옳고 그름을 밝히거나 잘못된 점을 지적함.
풍자하다	문학 작품 등에서, 현실의 이치에 맞지 않는 일이나 바람직하지 못한 점을 빗대어 비웃으면서 씀.

교과서 문해력

1 탈놀이
2 ㉮ 탈 ㉯ 양반
3 (1) × (2) ○ (3) ○
4 ②

실생활 문해력

1 한국 민속촌
2 ①
3 ②
4 ④

▶ 교과서 문해력 - 백성들의 여가 생활 ◀

◦ **글의 종류** 설명하는 글
◦ **글의 주제** 탈놀이

1 이 글은 탈놀이에 대해 쓴 글이에요. 조선 시대의 백성들이 즐겼던 탈놀이의 특징과 오늘날까지 전해지고 있는 탈놀이에 대해 설명하고 있어요.

2 탈놀이는 탈을 쓴 연기자가 관객과 함께 어울리는 마당놀이예요. 양반에게 가진 불만을 드러내고 백성들의 생각과 감정을 표현한 내용을 담았어요. 탈놀이는 춤, 노래, 연기가 함께 이루어지는 전통 예술이라고 할 수 있어요.

3 (1) × 탈놀이에 참여하는 연기자만이 탈을 썼어요.

　(2) ○ 탈놀이에 참여하는 연기자는 양반탈, 동물탈,

하인탈, 색시탈 등 다양한 탈을 써 변신할 수 있었어요.

　(3) ○ 탈놀이는 춤과 노래, 연기가 모두 함께 이루어지는 전통 예술로서 오늘날의 뮤지컬과 비슷한 형식을 띠고 있어요.

4 ② ㉠의 '등재되어'란 '이름 혹은 어떤 내용이 장부에 적혀 올려져.'라는 뜻이에요. 이는 '발표된 것이 거두어들여지거나 예정된 일이 없어지는.'을 뜻하는 '취소되어'와 바꾸어 쓸 수 없어요.

오답 풀이 ①, ③, ④ 모두 '등재되어'와 바꾸어 쓸 수 있는 낱말이에요.

▶ 실생활 문해력 - 봉산 탈춤을 봤어요 ◀

◦ **글의 종류** 블로그 게시 글
◦ **글의 주제** 봉산 탈춤 관람기

1 글쓴이는 한국민속촌으로 현장 체험 학습을 가서 봉산 탈춤을 관람했어요.

2 ① 한국의 탈춤은 유네스코 인류무형문화유산으로 등재되었어요.

3 ② 글쓴이는 다양한 탈을 구경할 수 있어서 재미있었다고 했어요.

4 ④ 양반으로 태어난 도령의 코와 입을 왼쪽으로 삐뚤어진 모양으로 만든 것은 양반을 우스꽝스럽게 표현하여 그들을 풍자하기 위해서예요.

쉬어가기

늑장(○), 늦장(○)
　부모님에게 "늑장 좀 부리지 마라!"라는 이야기를 들어 본 적이 있나요? '느릿느릿 꾸물거리는 태도.'를 '늑장'이라고 해요. 그리고 '늦다'의 의미 때문에 '늦장'이라고 쓰는 사람이 많아지자 '늦장'도 표준어가 되었어요.

1일

오늘의 퀴즈

1 겪다　　　　　　**2** 쇠다

3 휘젓다　　　　　**4** 귀가하다

교과서 문해력

1 대보름

2 (1) 오곡밥 (2) 더위팔기 (3) 음력

3 ②

4 ③

실생활 문해력

1 미역국을 먹다

2

3 ③

4 ③

▶ **교과서 문해력 - 음력 1월 15일** ◀

• **글의 종류** 생활에서 쓰는 글

• **글의 주제** 정월 대보름에 하는 일

---

1 이 글은 정월 대보름에 하는 일에 대해 쓴 글이에요. 오곡밥을 먹고 더위팔기를 하는 풍습이 나타나 있어요.

지도Tip | 우리 조상들은 날이 더우면 몸이 지치고 아플 수도 있다는 점을 경험을 통해 알고 있었기에, 정월 대보름에 더위팔기를 했다는 점을 가르쳐 주세요.

2 (1) 정월 대보름에는 오곡밥을 먹어요.

　(2) 정월 대보름에는 더위팔기를 해요.

　(3) 정월 대보름은 음력 1월 15일이에요.

3 ② 이 글의 글쓴이는 아침으로 오곡밥을 즐겁게 먹었어요. 하지만 학교에서 더위팔기 장난을 당해 기분이 나빴어요. 이 이야기를 들은 글쓴이의 엄마가 글쓴이의 더위를 다 사 간다고 하셔서 글쓴이는 죄송함을 느꼈어요.

---

4 ③ 빈칸에 공통으로 들어갈 낱말은 '먹다'예요. '겁먹다'는 '무섭거나 두려워하는 마음을 가짐.'이라는 뜻이고, '욕먹다'는 '남에게서 비난이나 안 좋은 소리를 들음.'이라는 뜻이에요. '마음먹다'는 '무엇을 하겠다는 생각을 함.'을 뜻하는 말이에요.

▶ **실생활 문해력 - '먹다'의 다양한 표현들** ◀

• **글의 종류** 국어사전

• **글의 주제** '먹다'와 관련된 관용 표현

---

1 '미역국을 먹다'의 '먹다'는 미역의 미끄러운 촉감과 식감에서 유래한 말로, '음식 등을 입을 통해 배 속에 들여보내다'의 의미로 쓰인 표현이에요.

2 '국수를 먹다'는 '결혼식을 올리다.'라는 뜻이에요. '미역국을 먹다'는 '시험이나 원하는 자리에서 떨어지다.'라는 뜻이에요. '마음을 먹다'는 '결심하다.'라는 뜻이에요. '애를 먹다'는 '속이 상할 정도로 어려움을 겪다.'라는 뜻이에요.

3 ③ 삼촌이 여자 친구가 생겼다는 소식에 대한 반응으로 가장 알맞은 것은 삼촌이 결혼식을 할 수 있지 않을까 하는 기대를 가지고 하는 말인 "그러면 곧 국수 먹을 수 있는 거예요?"예요.

4 ③ '목을 풀다'란 '노래, 연설 등을 하기에 앞서 목소리를 가다듬음.'이라는 뜻을 가진 관용어예요.

오답풀이 ①, ②, ④ 원래의 뜻과는 전혀 다른 뜻으로 굳어져서 쓰이는 관용어가 아니에요.

쉬어가기

눈곱(○), 눈꼽(✕)

흔히들 '눈꼽'이라고 많이 말하는, '눈에서 나오는 진득진득한 액 또는 그것이 말라붙은 것.'은 '눈곱'이 바른 말이에요. 발음은 [눈꼽]으로 소리나지만, '눈곱'으로 써야 한답니다.

2일

오늘의 퀴즈

광고하다	사람들에게 널리 알림.
벌어지다	행사나 잔치 같은 자리가 열림.
보완하다	사람이 생활하는 데에 필요한 물건이 만들어짐.
생산되다	부족하거나 모자란 것을 보충해 완전하게 함.

광고하다 — 사람들에게 널리 알림.
벌어지다 — 행사나 잔치 같은 자리가 열림.
보완하다 — 부족하거나 모자란 것을 보충해 완전하게 함.
생산되다 — 사람이 생활하는 데에 필요한 물건이 만들어짐.

교과서 문해력

1 도로명
2 ①
3 ④
4 ③

실생활 문해력

1 ㉮ 지번 ㉯ 번호
2 서울특별시 종로구 사직로 161
3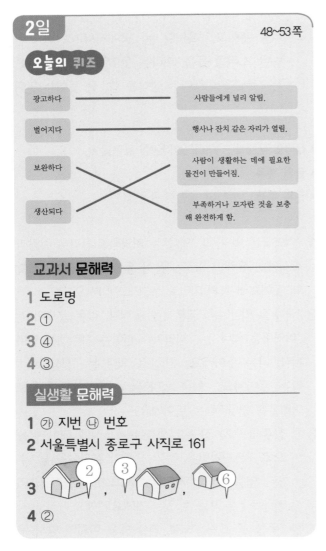
4 ②

▶ 교과서 문해력 - 도로에도 이름을 붙여요 ◀

• **글의 종류** 설명하는 글
• **글의 주제** 도로명

1 이 글은 도로명에 대해 쓴 글이에요. 도로명을 짓는 방법과 도로별 구분 기준인 '대로', '로', '길'의 차이에 대해 설명하고 있어요.

2 ① 4문단에서는 앞서 이야기한 내용과 다른 이야기를 하고 있어요. 따라서 ㉠에 들어갈 이어 주는 말로 알맞은 것은 '그런데'예요.

3 ④ 도로명을 살펴봐도 그 지역에 살고 있는 사람을 알 수 있는 것은 아니에요.

4 ③ 충무로는 충무공 이순신 장군의 업적을 기리고자 따온 이름이라고 했어요.

▶ 실생활 문해력 - 집 주소가 두 개? ◀

• **글의 종류** 인터넷 게시 글
• **글의 주제** 우리나라 주소

1 우리나라의 주소는 지번 주소와 도로명 주소로 나누어져요. 지번 주소는 동과 번지를 사용한 주소이고, 도로명 주소는 도로에 이름을 붙인 다음 고유 건물 번호를 붙인 주소예요.

2 답변에 제시된 '서울특별시 서초구 매헌로 16'과 같이 경복궁의 도로명 주소를 '서울특별시 종로구 사직로 161'로 나열할 수 있어요.

3 도로의 왼쪽에는 홀수, 오른쪽에는 짝수로 차례대로 건물 번호를 붙여요.

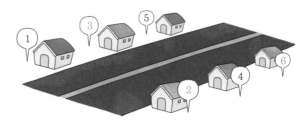

4 ② ㉠의 뒤에 건물 번호를 나타내는 안내판과 도로명 안내판을 붙인다는 내용이 이어서 제시되고 있으므로 ㉠에는 '그리고'가 들어가는 것이 적절해요.

쉬어가기

고깔(○), 꼬깔(×)

과자 '꼬깔콘'을 먹어 본 적 있나요? 과자 이름 때문에 '고깔'을 '꼬깔'이라고 잘못 쓰는 경우가 많아요. '고깔'이란 '승려나 무당 또는 농악대들이 머리에 쓰는, 위 끝이 뾰족하게 생긴 모자.'를 말해요. 앞으로는 '고깔'이 바른 표기라는 것을 잊지 마세요.

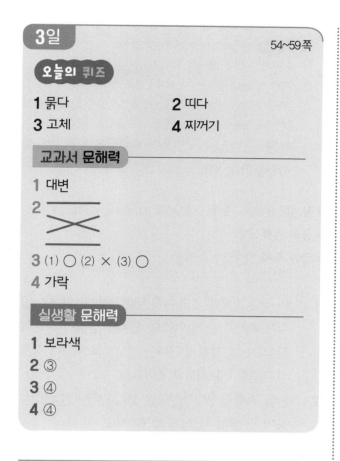

오늘의 퀴즈

1 묽다 **2** 띠다
3 고체 **4** 찌꺼기

교과서 문해력

1 대변

2 ╳

3 (1) ○ (2) ✕ (3) ○

4 가락

실생활 문해력

1 보라색

2 ③

3 ④

4 ④

▶ **교과서 문해력 - 우리가 미처 몰랐던 똥 이야기** ◀

◄ **글의 종류** 설명하는 글

◄ **글의 주제** 대변

1 이 글은 대변에 대해 쓴 글이에요. 대변이란 무엇인지와 여러 가지 대변의 상태와 색깔 등에 대해 설명하고 있어요.

2 1문단은 배설물 중 대변의 실제 성분은 70%가 물이라고 설명하고 있어요. 2문단은 대변에 물이 얼마나 포함되어 있느냐에 따라 대변의 상태가 달라진다고 설명하고 있어요. 3문단은 대변은 보통 갈색이지만 먹은 음식에 따라 색깔이 달라진다고 설명하고 있어요. 4문단은 먹은 음식이 아니라 몸 상태에 따라서도 대변의 색깔이 달라진다고 설명하고 있어요.

3 (1) ○ 대변에 피가 섞여 나온다면 병에 걸린 것일 수도 있으니 서둘러 병원에 가야 해요.

(2) ✕ 대변은 세균 덩어리의 색깔에 따라 주로 갈색을 띠어요.

(3) ○ 대변이 대장에서 오랫동안 굳어 있으면서 밖으로 잘 나오지 않는 상태를 변비라고 해요.

4 '덩어리'는 '크게 뭉쳐서 이루어진 것.'을 뜻하는 낱말이에요. 그러나 '가락'은 '가늘고 길게 토막이 난 물건의 낱개.'를 뜻하는 낱말로, 비슷한 뜻을 가진 낱말이 아니에요.

오답 풀이 '덩이'는 '작게 뭉쳐서 이루어진 것.'을 뜻하는 말이고, '뭉치'는 '한데 뭉치거나 말거나 감은 덩이.'를 뜻하는 말이에요. 둘다 '뭉치다'라는 비슷한 뜻을 가진 공통점이 있어요.

▶ **실생활 문해력 - 소변이 평소와 달라요** ◀

◄ **글의 종류** 대화

◄ **글의 주제** 소변

1 이 대화에서 소변 색깔은 물처럼 투명하기도 하고 노란색이나 황갈색일 수도 있다고 했어요. 보라색은 소변의 색깔이 아니에요.

2 ③ 진호의 소변은 거품이 섞여 있었고, 진한 노란색이었어요. 또한 냄새가 나지는 않았다고 했어요. 평소보다 양이 많다는 이야기는 하지 않았어요.

3 ④ 의사 선생님은 계속 진한 노란색 소변이 나오면 몸 상태가 안 좋다는 신호일 수 있으니 검사를 하자고 했어요. 즉, 진한 노란색 소변을 계속 보는 것은 매우 건강하다는 증거라고 볼 수 없어요.

4 ④ 진호는 자신의 소변 상태를 보고 병에 걸린 것일까 걱정하고 있어요. 하지만 의사 선생님의 말씀을 듣고 괜찮을 것이라고 안도하고 있어요.

쉬어가기

푸르다(○), 푸르르다(○)

예전에는 '푸르다'만 표준어였지만, 지금은 '푸르르다'도 표준어가 되었어요. '푸르르다'는 '푸르다'를 조금 더 강조하여 이르는 말이에요.

4일

오늘의 퀴즈

친	근	감	나	무
구	거	회	어	부
펴	내	다	색	깔
다	리	미	하	늘
스	티	커	다	홍

교과서 문해력

1 최현배

2 (라) → (마) → (나) → (다)

3 ①

4 ④

실생활 문해력

1 ④

2 (1) 찬 (2) 찬 (3) 반

3 반박

4 ①

▶ 교과서 문해력 - 선생님께 보내는 편지 ◀

• **글의 종류** 편지글

• **글의 주제** 우리말과 글을 지킨 최현배 선생님과 조선어 학회

---

1 이 글은 우리말과 글을 지킨 최현배 선생님과 조선어 학회에 대한 글이에요.

2 순서대로 (가) → (라) → (마) → (나) → (다)예요. 일본이 우리나라를 빼앗았지만, 조선어 학회에서는 계속 우리말과 글을 연구했어요. 하지만 조선어 학회는 독립운동 단체라는 오해를 받았고, 최현배 선생님은 감옥에 갇히고 말았어요. 그러다 우리나라가 광복을 맞이했고, 이후 최현배 선생님은 여섯 권의 『큰사전』을 펴냈어요.

3 ① 3문단에서 고문으로 인해 목숨을 잃는 동료들까지 있었다고 했어요. 즉, 일제 강점기에는 일본의

고문으로 목숨을 잃는 사람들이 있었어요.

오답 풀이 ② 일본의 방해로 조선어 학회의 우리말 연구는 잠시 중단되었던 적이 있었어요.

③ 최현배 선생님은 강연을 다니시며 한글을 널리 알리셨어요.

④ 일제 강점기에 일본은 우리나라 사람들에게 일본어만 쓰도록 강요하였고, 일본어가 아닌 우리말을 쓰면 폭력을 사용하였어요.

4 ④ 최현배 선생님은 국민들이 우리말을 잊지 않도록 사전을 펴냈어요.

▶ 실생활 문해력 - 인터넷 신조어, 사용해도 될까요? ◀

• **글의 종류** SNS

• **글의 주제** 인터넷 신조어

---

1 ④ 이 글은 인터넷 신조어에 대한 자신의 의견을 알리기 위하여 쓴 글이에요. 인터넷 신조어 사용에 찬성하는 입장과 반대하는 입장으로 나뉘어 각자의 의견을 이야기하고 있어요.

2 (1) 한글 표현이 풍성해진다는 것은 인터넷 신조어 사용에 찬성하는 입장의 의견이에요.

(2) 친근감을 느끼게 해 준다는 것은 인터넷 신조어 사용에 찬성하는 입장의 의견이에요.

(3) 세대 간 소통에 방해가 된다는 것은 인터넷 신조어 사용에 반대하는 입장의 의견이에요.

3 승현이가 자신의 SNS에 글을 쓴 이유는 연아의 생각에 '반박'을 하기 위해서예요. '반박'이란 '어떤 의견, 주장, 논설 등에 반대하여 말함.'을 뜻해요.

4 ① '들다'는 '어떤 생각이나 느낌이 잃.'이라는 뜻이에요. ① 역시 ㉠과 같은 뜻으로 사용되었어요.

오답 풀이 ② '물감, 색깔, 물기, 소금기가 스미거나 뱀.'이라는 뜻으로 사용되었어요.

③ '어떤 일이나 기상 현상이 일어남.'이라는 뜻으로 사용되었어요.

④ '어떤 물건이나 사람이 좋게 받아들여짐.'이라는 뜻으로 사용되었어요.

쉬어가기

어이없다(○), 어의없다(×)

'어이없다'란 '일이 너무 뜻밖이어서 기가 막히는 듯함.'이라는 뜻이에요. 그런데 '어의없다'로 쓰는 사람이 많아요. 하지만 '어이없다'가 올바른 표기랍니다. 참고로, '어이없다'는 '어처구니없다'라는 말로 바꾸어 쓸 수도 있어요.

오늘의 퀴즈

1 박차다　　　　　2 평범하다

3 씩씩거리다　　　4 방치하다

교과서 문해력

1 힘들었던 올리버의 삶

2 (3) ○

3 ②

4 소매치기

실생활 문해력

1 ①

2 ③

3 ③

4 ③

▶ 교과서 문해력 - 올리버 트위스트 ◀

• **글의 종류** 이야기

• **글의 주제** 힘들었던 올리버의 삶

---

1 이 글은 고아원에서 힘들게 자란 올리버가 장의사의 집을 거쳐 런던으로 떠나면서 벌어지는 일을 담은 이야기예요. 이 글의 중심 내용은 '힘들었던 올리버의 삶'이에요.

2 (3) ○ 올리버는 아빠가 누군지 모르고, 엄마도 올리버를 낳고 바로 숨을 거두는 바람에 고아원에서 자랐어요.

　오답 풀이 (1) 올리버가 장의사의 일을 도우면서 조금은 생활이 괜찮아질 줄 알았지만, 장의사의 학대와 폭력 때문에 도망쳤어요.

　(2) 올리버는 말을 듣지 않았다는 이유로 고아원에서 쫓겨나 장의사에게 팔려 가게 되었어요.

3 ② 인권은 사람이라면 태어나면서부터 누구나 가지는 권리예요. 소매치기가 되기로 했더라도 올리버의 인권 역시 인정해 주어야 해요.

　지도Tip | 인권은 사람이라면 누구나 가지고 있으므로, 범죄자 역시 인권이 있다는 사실을 가르쳐 주세요.

4 '소매를 치며 물건을 꺼내 간다'는 의미에서 '소매치기'라는 낱말이 생기게 되었어요.

▶ 실생활 문해력 - 아동의 권리를 지켜요 ◀

• **글의 종류** 아동 권리 카드

• **글의 주제** 아동의 권리

---

1 ① 이 카드는 아동이 누려야 할 권리를 알리기 위해서 만들어졌어요.

2 ③ 만 18세 미만의 모든 사람에 청년은 해당하지 않아요. '청년'이란 '신체적·정신적으로 한창 성장하거나 무르익은 시기에 있는 사람.'을 뜻하는 말로, 우리나라에서는 만 19세 이상 만 34세 이하인 사람을 청년으로 인정하고 있어요.

　오답 풀이 ①, ②, ④ 모두 만 18세 미만의 사람들이에요.

3 ③ 학생이 학교에 제대로 등교하는지 선생님이 확인하는 것은 아동을 방치하지 않도록 나라가 보호하는 행동이에요.

　오답 풀이 ① 사생활을 보호받을 아동의 권리를 무시한 행동이에요.

　② 자유롭게 의견을 이야기할 수 있는 아동의 권리를 무시한 행동이에요.

　④ 차별받지 않을 아동의 권리를 무시한 행동이에요.

4 ③ '방치하다'란 '무관심하게 그대로 내버려둠.'이라는 뜻이에요. '건드리다'란 '조금 움직일 만큼 손으로 만지거나 무엇으로 댐.'을 뜻하는 말로, ⓒ과 바꾸어 쓸 수 없어요.

　오답 풀이 ① '놔두다'란 '놓아두다'의 준말로, '건드리지 않고 그대로 둠.'이라는 뜻이에요.

　② '버려두다'란 '혼자 있게 남겨 놓음.'이라는 뜻이에요.

　④ '내팽개치다'란 '돌보지 않고 버려둠.'이라는 뜻이에요.

쉬어가기

갈가리(○), 갈갈이(✕)

　종이를 '갈가리' 찢어 버린 적이 있나요? '갈가리'란 '여러 가닥으로 갈라지거나 찢어진 모양.'을 뜻하는 '가리가리'의 준말이에요. '갈갈이'라고 잘못 쓰는 사람이 있다면, 앞으로는 '갈가리'라고 바르게 쓰도록 해요.

3주

오늘의 퀴즈

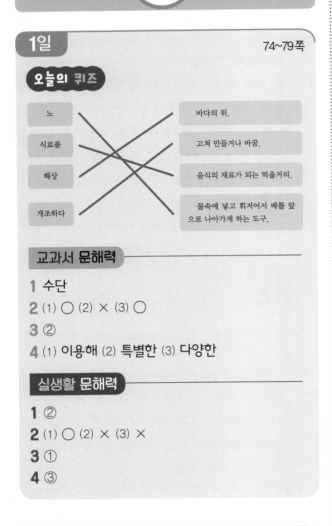

노	바다의 위.
식료품	고쳐 만들거나 바꿈.
해상	음식의 재료가 되는 먹을거리.
개조하다	물속에 넣고 휘저어서 배를 앞으로 나아가게 하는 도구.

교과서 문해력

1 수단

2 (1) ○ (2) × (3) ○

3 ②

4 (1) 이용해 (2) 특별한 (3) 다양한

실생활 문해력

1 ②

2 (1) ○ (2) × (3) ×

3 ①

4 ③

▶ 교과서 문해력 - 세계 사람들은 어떻게 이동할까? ◀

◀ **글의 종류** 설명하는 글

◀ **글의 주제** 세계의 다양한 이동 수단

---

1 이 글은 세계의 다양한 이동 수단에 대해 설명하는 글이에요.

2 (1) ○ 사막에서는 낙타를 이동 수단으로 이용해요. 즉, 동물도 이동 수단이 될 수 있어요.

(2) × 릭샤는 서민들의 소중한 이동 수단이에요. 즉, 부유한 사람들만 탈 수 있는 것은 아니에요.

(3) ○ 제2차 세계 대전이 끝나고 미군은 필리핀에 군용 지프차를 두고 떠났어요. 즉, 제2차 세계 대전 당시 미군은 필리핀에 있었어요.

3 ② 이 글은 고장의 자연환경이나 생활의 필요에 따라 개발한 이동 수단에 대해 설명하고 있어요. 울릉도 역시 자연환경에 따라 지프 택시라는 특별한 이동 수단을 만들었음을 알 수 있어요.

4 (1) '지하철을 이용해 소풍 장소에 도착했다.'는 문장이 알맞아요.

(2) '민지는 철호에게 특별한 관심을 가지고 있다.'는 문장이 알맞아요.

(3) '공원에는 셀 수 없을 정도로 다양한 종류의 꽃들이 피어 있었다.'는 문장이 알맞아요.

▶ 실생활 문해력 - 배를 타고 둘러보는 베네치아 ◀

◀ **글의 종류** 블로그 게시 글

◀ **글의 주제** 베네치아의 이동 수단

---

1 ② 글쓴이는 베네치아의 이동 수단에 대한 정보를 알려 주기 위해 이 글을 썼어요. 이는 어떤 대상에 대한 정보를 전달하기 위함이에요.

2 (1) ○ 베네치아는 118개의 작은 섬으로 이루어진 도시예요.

(2) × 예전에는 사람은 물론, 야채와 식료품 등도 곤돌라를 이용해 운반하였다고 하였어요.

(3) × 수상 택시는 요즘 우리나라에서도 찾아볼 수 있다고 했어요. 그러므로 수상 택시는 베네치아에서만 볼 수 있는 특별한 이동 수단은 아니에요.

3 ① 이 글에 곤돌라는 1200년경부터 이용되기 시작하였다고 나와 있어요.

4 ③ ㉠의 '젓다'는 '배나 맷돌 등을 움직이기 위하여 노나 손잡이를 일정한 방향으로 계속 움직임.'이라는 의미로 사용되었어요. 이와 같은 의미로 사용된 것은, '배를 이렇게 느릿느릿 저으면 오늘 도착하기는 어렵겠다.'라는 문장이에요.

쉬어가기

담그다(○), 담구다(×)

'담그다'란 '액체 속에 넣음.' 또는 '김치, 술, 장, 젓갈 등을 만드는 재료를 버무리거나 물을 부어서, 익거나 삭도록 그릇에 넣어 둠.'이라는 뜻이에요. '담구다'는 틀린 표기라는 점을 기억하세요.

오늘의 퀴즈

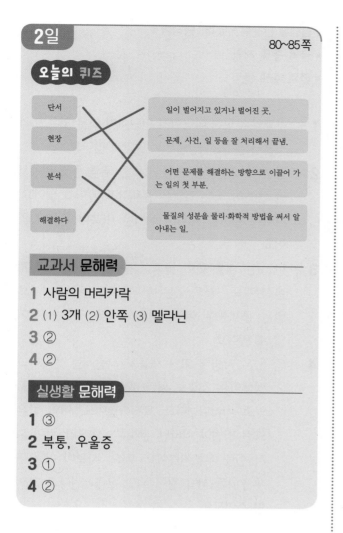

단서	일이 벌어지고 있거나 벌어진 곳.
현장	문제, 사건, 일 등을 잘 처리해서 끝냄.
분석	어떤 문제를 해결하는 방향으로 이끌어 가는 일의 첫 부분.
해결하다	물질의 성분을 물리·화학적 방법을 써서 알아내는 일.

교과서 문해력

1 사람의 머리카락

2 (1) 3개 (2) 안쪽 (3) 멜라닌

3 ②

4 ②

실생활 문해력

1 ③

2 복통, 우울증

3 ①

4 ②

▶ **교과서 문해력 - 떨어진 머리카락** ◀

€ **글의 종류** 설명하는 글

€ **글의 주제** 사람의 머리카락

....

1 이 글은 사람의 머리카락에 대해 쓴 글이에요. 머리카락으로 알아낼 수 있는 여러 가지 정보를 설명하고 있어요.

2 (1) 머리카락에는 모소피, 모피질, 모수질이라는 3개의 층이 있어요.

(2) 머리카락의 모수질은 가장 안쪽에 있는 층이에요.

(3) 머리카락의 모피질에는 멜라닌이라는 색소가 있어요.

3 ② 머리카락을 염색해도 진짜 머리색은 어떠한지를 알 수 있어요.

지도Tip │ 머리카락의 멜라닌 색소를 통해 사람의 머리카락 색을 알 수 있다는 점을 가르쳐 주세요.

4 ② 범인의 머리카락만으로 범인과 피해자의 나이가 몇 살인지는 알 수 없어요.

▶ **실생활 문해력 - 베토벤의 죽음과 머리카락** ◀

€ **글의 종류** 신문 기사

€ **글의 주제** 베토벤을 둘러싼 풀리지 않은 미스터리

....

1 ③ 이 글은 베토벤의 머리카락인 줄 알았던 머리카락이 사실은 여성의 것이었으며, 아직도 베토벤의 죽음을 둘러싼 풀리지 않은 미스터리에 대한 신문 기사예요.

2 실제로 베토벤은 생전에 복통과 우울증 등으로 고통받았다고 했어요.

오답풀이 두통은 이 글에 나타나 있지 않아요. 또한 납 중독 역시 베토벤의 머리카락인 줄 알았던 여성이 앓았던 질환이에요.

3 ① 머리카락에 납 성분이 남아 있던 것을 통해 무엇을 먹었는지 추측할 수 있어요.

4 ② '물거품이 되다'란 '노력이 헛되이 됨.'이라는 뜻이에요. '빛을 발하다'란 '제 능력이나 값어치를 드러냄.'이라는 뜻으로, 바꾸어 쓸 수 없어요.

오답풀이 ① '헛수고'란 '아무 보람도 없이 애를 씀 또는 그런 수고.'라는 뜻이에요.

③ '말짱 도루묵'이란 '아무 소득이 없는 헛된 일이나 헛수고를 속되게 이르는 말.'이에요.

④ '수포'란 '물거품'을 뜻하는 말이에요. 즉, '수포로 돌아가다'는 '물거품이 되다'와 같은 말이에요.

쉬어가기

걸리적거리다(○), 거치적거리다(○)

'걸리적거리다'와 '거치적거리다'는 둘 다 표준어예요. '거추장스럽게 자꾸 여기저기 거치거나 닿음.'이라는 뜻이지요.

3일

오늘의 퀴즈

1 황폐하다 2 정화하다
3 기름지다 4 흡수하다

교과서 문해력

1 바다숲의 기능과 이를 지키기 위한 노력
2 (1) 5월 10일 (2) 6월 17일 (3) 4배
3 ③
4 ③

실생활 문해력

1 ④
2 ②
3 ②
4 (1) ○

▶ 교과서 문해력 - 바다에도 숲이 있다고? ◀

⚫ **글의 종류** 설명하는 글
⚫ **글의 주제** 바다숲의 기능과 이를 지키기 위한 노력

---

1 이 글은 바다숲의 기능과 이를 지키기 위한 노력에 대해 쓴 글이에요.

2 (1) 매년 5월 10일은 바다 식목일이에요.
(2) 매년 6월 17일은 세계 사막화 방지의 날이에요.
(3) 우리나라 바다에서는 매년 여의도 면적의 4배 정도가 황폐해지고 있어요.

3 ③ 바다숲은 지구의 이산화 탄소를 흡수하는 역할을 해요. 바다숲이 사라지면 지구에 이산화 탄소가 늘어나게 될 거예요.

4 ③ ㉠은 바다숲이 사라지게 되면 좋지 않은 일이 연이어서 일어나는 현상에 대해 말하고 있어요. 이와 가장 어울리는 사자성어는 '난처한 일이나 불행한 일이 잇따라 일어남을 이르는 말.'인 '설상가상'이에요.

▶ 실생활 문해력 - 물새 | 방정환 ◀

⚫ **글의 종류** 시화
⚫ **글의 주제** 물새

---

1 ④ 인물의 주장이 타당한지 판단하며 읽는 것은 이와 같은 시를 읽는 방법으로 알맞지 않아요.

2 ② 이 시에서 말하는 이는 물새를 푸른 물결 위에서만 쓸쓸히 노는 가엾은 존재라고 말하고 있어요. 따라서 말하는 이의 안타까운 마음이 드러나 있어요.

3 ② 이 시는 배를 쫓아 날고 있는 물새들을 보고 지은 시에요. '끝도 없는 바다를 다니는 배', '부모 없는 물새들은 따라다녀요.' 등의 구절을 통해 알 수 있어요.

4 (1) ○ ㉠은 사람이 아닌 새들을 사람처럼 생각하고 행동하는 것으로 나타내어, 돛 머리를 집으로 알고 따라다닌다고 표현하였어요. 이와 같은 표현 방법이 나타난 문장은 '여우가 왕이 되자 한껏 우쭐거렸어요.'예요. 사람이 아닌 여우를 사람처럼 왕이 되어 우쭐거린다고 표현한 것이지요.

지도 Tip | '의인법'이라는 표현 방법이 어렵게 다가올 수 있어요. 하지만 우리가 그동안 보고 자랐던 이야기 등에서 많이 사용된 표현 방법임을 알려 주세요.

쉬어가기

치고받다(○), 치고박다(×)

친구 또는 형제자매와 치고받고 싸운 적이 있나요? '치고받다'란 '서로 말로 다투거나 실제로 때리면서 싸움.'이라는 뜻이에요. 박치기의 '박다' 때문인지 '치고박다'라고 쓰는 사람이 많지만, '치고박다'라는 낱말은 사전에 없어요.

오늘의 퀴즈

기온, 폭염, 필수, 내리쬐는

교과서 문해력

1 부채

2 (1) ○ (2) × (3) ○

3 ③

4 ①

실생활 문해력

1 (1) ○ (2) × (3) ○

2 장염

3 ①

4 ④

▶ 교과서 문해력 - 부채의 여덟 가지 사용법 ◀

• **글의 종류** 설명하는 글

• **글의 주제** 부채

1 이 글의 중심 낱말은 '부채'예요. 이 글은 우리 조상들의 다양한 부채 사용법에 대해 설명하고 있어요.

2 (1) ○ 부채는 파리나 모기, 즉 벌레를 쫓는 용도로도 쓰였어요.

(2) × 부채가 도둑을 때려잡는 용도로 사용되었다는 내용은 나타나 있지 않아요.

(3) ○ 부채는 방향을 가리키는 용도로도 쓰였어요.

3 ③ 부채가 편지지를 대신하는 물건으로 사용되었다는 내용은 나타나 있지 않아요.

오답 풀이 ① 바닥에 앉을 때 방석 대신 부채를 깔고 앉아 옷이 더러워지는 것을 막기도 했어요.

② 비가 올 때는 우산처럼 부채로 비를 가려 몸이 흠뻑 젖는 것을 막기도 했어요.

④ 부채는 오케스트라의 지휘자가 지휘봉으로 연주자를 가리키는 것처럼, 방향을 가리키는 용도로도 쓰였어요.

4 ① ㉠의 '가리다'는 '보이거나 통하지 못하도록 막힘.'이라는 뜻이에요. 하지만 '잘잘못을 가리다'의 '가리다'는 '잘잘못이나 좋은 것과 나쁜 것 등을 따져서 분간함.'이라는 뜻이에요.

▶ 실생활 문해력 - 더위의 습격 ◀

• **글의 종류** 동영상

• **글의 주제** 날씨 예보

1 (1) ○ 이 동영상에서 기상 캐스터는 날씨를 미리 알려 주는 예보를 하고 있어요.

(2) × 이 동영상에서는 오늘 일어난 사건을 전달하고 있지 않아요. 오늘 일어난 사건을 전달하는 것은 아나운서 혹은 앵커가 하는 일이에요.

(3) ○ 이 동영상에서 기상 캐스터는 소나기가 오니 우산을 챙길 것과 더운 날씨에 주의할 점을 알려 주고 있어요.

2 날씨가 더워진 만큼 냉방병과 일사병에 주의해야 한다고 하였어요. 하지만 장염에 주의해야 한다는 내용은 나오지 않았어요.

3 ① 내일 전국의 낮 기온은 32도에서 33도까지 올라갈 예정이라고 하였어요.

4 ④ 서울을 제외한 다른 지역에 폭염 경보가 내려지지 않은 것은 알 수 있지만, 이미 폭염 경보 상태가 지나갔을지 아닐지는 알 수 없어요.

쉬어가기

설거지(○), 설겆이(×)

'설거지'란 '먹고 난 뒤의 그릇을 씻어 정리하는 일.'을 말해요. 예전에는 '설겆이'가 표준어였지만, 사람들이 잘 쓰지 않으면서 '설거지'가 표준어가 되었어요.

5일

오늘의 퀴즈

1 떨치다　　　　2 이르다
3 기울이다　　　4 혼인하다

교과서 문해력

1 글을 친구 삼은 허난설헌
2 (라) → (나) → (마) → (다)
3 ④
4 ②

실생활 문해력

1 ③
2 ②
3 ④
4 ③

▶ **교과서 문해력 - 조선 시대의 시인 허난설헌** ◀

‟ **글의 종류** 이야기
‟ **글의 주제** 글을 친구 삼은 허난설헌

1 이 글은 조선 시대에 태어나 글을 친구 삼아 살아간 허난설헌의 어린 시절과 결혼 생활을 담은 글이에요.
2 순서대로 (가) → (라) → (나) → (마) → (다)예요. 허난설헌은 오빠들처럼 글을 배우고 싶어 했어요. 그래서 아버지의 시험을 통과해 글공부를 하게 되었어요. 그 후 스승 이달에게 시를 배워 시를 지었어요. 하지만 혼인한 후 자유롭게 책을 읽지 못해 힘든 시간을 보냈고, 자식들이 죽고 난 후 슬픈 감정을 담아 시를 지었어요.
3 ④ 허난설헌은 자식들의 죽음을 겪고 느꼈던 슬픔을 담은 시를 썼어요. 즉, 자신의 감정이 들어간 시를 지었어요.
　　지도Tip | 시에는 시인의 감정과 경험, 생각이나 느낌 등이 담겨 있다는 점을 가르쳐 주세요.
4 ② 앞과 뒤의 내용이 서로 반대될 때 사용하는 이어 주는 말인 ‘그러나’가 들어가야 해요.

▶ **실생활 문해력 - 허난설헌의 부탁** ◀

‟ **글의 종류** 온라인 대화방
‟ **글의 주제** 허난설헌과 허균의 대화

1 ③ 이 대화를 통해 허균이 쓴 글을 모은 책 제목은 알 수 없어요. 『난설헌 문집』은 허난설헌이 쓴 글을 허균이 모아서 만든 책이에요.
2 ② 이 대화에서 허난설헌이 이전에 시집을 펴낸 적이 있었는지는 알 수 없어요.
3 ④ ㉠ ‘마음’과 바꾸어 쓸 수 있는 낱말은 ‘정신’이에요. ‘정신’이란 ‘육체와 반대되는 영혼이나 마음.’을 뜻해요.
4 ③ 허균은 양반임에도 불구하고 양반과 노비 사이에서 태어난 홍길동의 이야기를 쓰면서 불공평한 세상을 비판했어요. 이를 통해 허균은 신분이 낮은 사람들에 대한 관심이 많았을 것이라고 생각할 수 있어요.

쉬어가기

아등바등(○), 아둥바둥(×)
　‘아등바등’이란 ‘무엇을 이루려고 애를 쓰거나 우겨 대는 모양.’을 말해요. ‘바둥바둥’이라는 낱말 때문에, ‘아둥바둥’이라고 잘못 사용할 때가 있어요. 하지만 ‘아등바등’이 맞는 말이랍니다.

1일

오늘의 퀴즈

1 누비다

2 이어받다

3 유익하다

4 배출하다

교과서 문해력

1 해로운

2 ②

3 ②

4 ②

실생활 문해력

1 ①

2 (1) ○ (2) × (3) ○

3 ①

4 ①

▶ **교과서 문해력 - 정직한 발명가가 됩시다** ◀

◀ **글의 종류** 주장하는 글

◀ **글의 주제** 발명의 두 얼굴

---

1 발명품은 각각 이로운 점과 해로운 점을 가지고 있는 경우가 많아요. 그렇기 때문에 발명가는 발명을 할 때 신중한 태도와 책임감을 가져야 해요. 자신의 발명품이 문제를 일으킬 가능성이 높다면 과감히 발명을 멈출 필요가 있어요.

2 ② 우연한 발견에서 멈추지 않고 끊임없이 연구하여 만들어 낸 발명품이 많다고 하였어요.

3 ② '두 얼굴을 가지다'란 어떤 사람 혹은 사물이 동시에 반대되는 두 가지 성질을 가진 것을 의미하는 표현이에요.

4 ② 이 글은 발명가는 자신의 이익보다는 사람들에게 얼마나 유익한지, 인류나 환경에 해가 되지 않는지 등에 대하여 고민해야 한다고 했어요. 즉, 발명을 할 때는 인류와 환경을 모두 생각해야 해요.

▶ **실생활 문해력 - 발명의 날 행사를 소개해요** ◀

◀ **글의 종류** 동영상

◀ **글의 주제** 발명의 날

---

1 ① 이 동영상에서 거북선이 만들어진 날짜는 확인할 수 없어요.

오답 풀이 ② '발명의 날' 행사에서는 올해의 발명왕을 선정하고 우수 발명품을 전시한다고 했어요.

③ 한국발명진흥회에서는 청소년 발명 페스티벌과 전시회를 연다고 소개했어요.

④ 우리 조상들이 만든 발명품의 예로 거북선과 측우기 등을 소개했어요.

2 (1) ○ '발명의 날' 행사에서는 올해의 발명왕을 선정해요.

(2) × 측우기는 강우량, 즉 일정 기간, 일정한 곳에 내린 비의 양을 측정하는 발명품이에요.

(3) ○ '발명의 날'은 5월 19일이며, 한국발명진흥회에서는 매년 발명의 날 행사를 개최해요.

3 ① 발명에 필요한 돈을 기부받기 위해 '발명의 날' 행사를 하는 것은 아니에요.

4 ① ㉠ '측정하다'란 '일정한 양을 기준으로 하여 같은 종류의 다른 양의 크기를 잼.'을 뜻하는 말이에요. '측정하는'은 '재는'과 바꾸어 쓸 수 있어요.

오답 풀이 ② '여럿 가운데 선택하거나 판단하여 결정하는.'을 뜻하는 말이에요.

③ '미리 헤아려 짐작하는.'을 뜻하는 말이에요.

④ '미루어 생각하여 헤아리는.'을 뜻하는 말이에요.

쉬어가기

재작년(○), 제작년(×)

'재작년'이란 '지난해의 바로 전 해.'를 뜻해요. '다시 재(再)'를 사용하지요. 그러므로 '제작년'은 틀린 표기라는 점을 꼭 기억하세요.

2일

오늘의 퀴즈

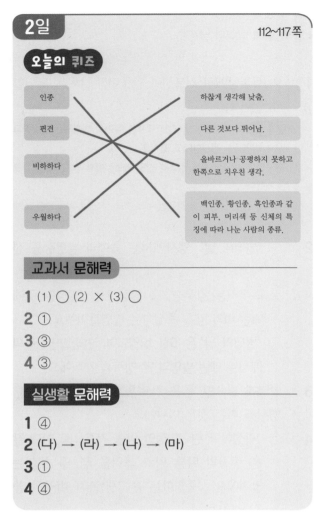

인종	하찮게 생각해 낮춤.
편견	다른 것보다 뛰어남.
비하하다	올바르거나 공평하지 못하고 한쪽으로 치우친 생각.
우월하다	백인종, 황인종, 흑인종과 같이 피부, 머리색 등 신체의 특징에 따라 나눈 사람의 종류.

교과서 문해력

1 (1) ○ (2) × (3) ○

2 ①

3 ③

4 ③

실생활 문해력

1 ④

2 (다) → (라) → (나) → (마)

3 ①

4 ④

▶ 교과서 문해력 - 무심코 뱉은 말 ◀

◖ 글의 종류 주장하는 글

◖ 글의 주제 인종 차별

---

1 (1) ○ 백인이 흑인을 보고 원숭이 소리를 내거나 흉내 내는 것은 인종 차별이에요.

(2) × 우리나라 사람이 일본 사람에게 길을 알려 주는 것은 인종 차별에 해당하지 않아요.

(3) ○ 백인이 아시아인의 생김새를 따라 하며 눈가를 찢는 행동을 하는 것은 인종 차별이에요.

2 ① 제시된 광고는 흰색, 살구색, 검은색 크레파스 사진을 두고, '외국인 근로자도 피부색만 다를 뿐 우리와 똑같은 사람'이라며 인종 차별을 하지 말 것을 주장하고 있는 광고예요. 이에 따라 빈칸에 들어갈 적절한 말은 '모두 살색입니다' 예요.

3 ③ 한민족의 우수성을 알리는 뮤직비디오를 만드는 것은 다문화 교육에서 하는 활동으로 알맞지 않아요.

오답 풀이 ①, ②, ④ 여러 나라의 생활 양식을 배우고 다른 문화에 대한 편견을 줄이는 활동으로, 다문화 교육에서 할 수 있는 활동으로 알맞아요.

4 ③ '다문화'의 '다'는 '많을 다(多)'를 의미해요. '다가가다'는 한자가 쓰이지 않은 우리말이에요.

▶ 실생활 문해력 - 분노로 가득 찬 축구 경기장 ◀

◖ 글의 종류 신문 기사

◖ 글의 주제 인종 차별을 당한 축구 선수들

---

1 ④ 바쿠나가 당한 인종 차별 내용은 신문 기사에서 확인할 수 없어요.

오답 풀이 ① 마이크의 직업은 골키퍼예요.

② 바쿠나는 흑인이에요.

③ 마이크에게 인종 차별 행위를 한 네 명의 관중은 앞으로 5년간 경기장 출입을 금지당했어요. 바쿠나에게 인종 차별 행위를 한 관중은 경기장에 평생 출입할 수 없도록 할 예정이에요.

2 순서대로 (가) → (다) → (라) → (나) → (마)예요. 경기가 시작되었을 때, 관중들은 원숭이 소리를 냈어요. 이에 화가 난 마이크는 운동장을 벗어나 대기실로 향했어요. 동료 선수들은 마이크를 달래 경기를 재개하였고, 인종 차별 행위를 한 관중의 경기장 출입이 금지되었어요.

3 ① ㉠ '달래'와 바꾸어 쓸 수 있는 낱말은 '위로해'예요. '위로하다'는 '따뜻한 말이나 행동으로 괴로움을 덜어 주거나 슬픔을 달래 줌.'을 뜻해요.

4 ④ 인종 차별을 막기 위해 같은 인종끼리 축구 경기를 하도록 해야 한다는 것은 알맞은 반응이 아니에요. 인종 차별적 행동을 하지 말아야 하는 데 초점을 맞추어야 해요.

쉬어가기

주르륵(○), 주루룩(×)

다들 눈물을 '주르륵' 흘려 본 적 있지요? '주르륵'이란 '굵은 물줄기 등이 빠르게 잠깐 흐르다가 그치는 소리. 또는 그 모양.', '물건 등이 비탈진 곳에서 빠르게 잠깐 미끄러져 내리다가 멎는 모양.'을 뜻하는 말이에요. '주룩주룩'이라는 낱말 때문에 헷갈릴 수 있지만, '주루룩'은 틀린 말이에요.

3일

오늘의 퀴즈

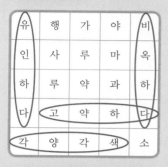

유	행	가	야	비
인	사	루	마	옥
하	루	약	과	하
다	고	약	하	다
각	양	각	색	소

교과서 문해력

1 식충 식물

2

3 (1) 소화액 (2) 꿀 (3) 라플레시아

4 ③

실생활 문해력

1 (1) ○ (2) × (3) × (4) ○

2 ①

3 집게벌레

4 ①

▶ 교과서 문해력 – 각양각색 신기한 식물들 ◀

◦ 글의 종류 설명하는 글

◦ 글의 주제 식충 식물

....

1 이 글은 식충 식물에 대해 쓴 글이에요. 끈끈이주걱, 파리지옥, 라플레시아, 벌레잡이통풀에 대해 설명하고 있어요.

2 1문단은 끈끈이주걱은 화려한 겉모습으로 벌레를 유혹한다고 설명하고 있어요. 2문단은 파리지옥과 라플레시아는 냄새로 벌레를 유인한다고 설명하고 있어요. 3문단은 벌레잡이통풀은 꿀로 벌레를 유인해 벌레를 통 속에 빠뜨려 잡아먹는다고 설명하고 있어요.

3 (1) 파리지옥은 소화액으로 파리를 녹여 먹어요.
  (2) 벌레잡이통풀은 꿀로 벌레를 유인해요.
  (3) 라플레시아의 꽃은 피는 데에 한 달 정도 걸려요.

4 ③ 벌레잡이통풀은 통처럼 생긴 잎이 있어요.

오답 풀이 ① 파리지옥이에요. 파리지옥은 파리가 잎에 앉으면 빠르게 잎을 닫아 버려요.

② 라플레시아예요. 라플레시아의 꽃은 피는 데에만 약 한 달이 걸릴 정도로 거대해요.

▶ 실생활 문해력 – 누가 누가 더 셀까? ◀

◦ 글의 종류 관찰 일기

◦ 글의 주제 장수풍뎅이와 사슴벌레 관찰 일기

....

1 (1) ○ 관찰 일기에는 관찰 대상과 관찰 장소를 써요.
  (2) × 관찰하지 않은 내용을 꾸며서 써서는 안 돼요. 관찰한 내용에 중점을 두고 써야 해요.
  (3) × 새롭게 알게 된 내용을 위주로 써요.
  (4) ○ 관찰한 내용을 중심으로 그림을 함께 그리면 좋아요.

2 ① 장수풍뎅이의 머리에는 긴 뿔이 달려 있어요.

3 사슴벌레의 머리에는 집게가 달려 있어요. 이러한 머리 모양 때문에 '집게벌레'라고도 불려요.

4 ① 이 관찰 일기에 이미 장수풍뎅이와 사슴벌레의 생김새를 비교한 내용이 나와 있어요.

쉬어가기

먹을거리(○), 먹거리(○)

'먹을거리'란 '먹을 수 있거나 먹을 만한 음식 또는 식품.'을 말해요. 원래 '먹을거리'만 표준어였지만, '먹거리'를 사람들이 널리 사용하면서 함께 표준어가 되었어요.

음은 절망스러울 수밖에 없어요.

지도TiP | '절망적'이란 '바라볼 것이 없어져 모든 희망을 버림.'이라는 뜻임을 가르쳐 주세요.

4 ② 뒷이야기는 이후 이어질 이야기를 의미하므로, 화산 폭발이 있기 직전에 벌어진 일이 나오는 것은 알맞지 않아요.

▶ 실생활 문해력 – 백록담과 천지에 다녀왔어요 ◀

◂ 글의 종류 SNS

◂ 글의 주제 백록담과 천지

---

1 ② 천지는 백록담보다 훨씬 큰 호수예요.

2 ② 이 글의 글쓴이는 백두산의 천지를 보고 싶어 부모님과 함께 여행을 다녀왔어요. 그러나 한라산은 새벽에 일어나 혼자 등산했다고 했어요.

3 (1) ○ 천지는 남북의 폭이 거의 4.6km 정도의 넓고 웅장한 호수예요. 천지가 큰 호수인 만큼 물이 쏟아지면 큰 홍수가 날 것이라는 짐작은 글을 읽은 후의 반응으로 알맞아요.

오답풀이 (2) 한라산도 백두산과 같은 화산이에요.

4 ③ ㉠ '움푹'이란 '가운데가 둥글게 푹 들어간 모양.'을 뜻해요.

오답풀이 ① '길쭉길쭉'에 대한 뜻이에요.
② '가닥가닥'에 대한 뜻이에요.
④ '볼록'에 대한 뜻이에요.

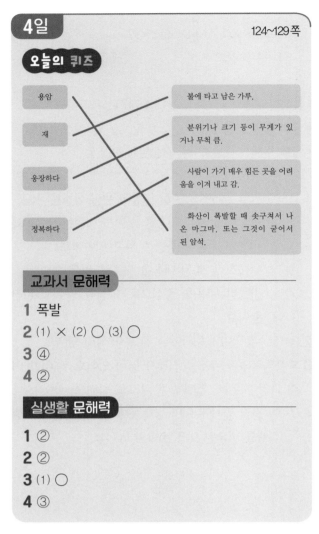

4일

124~129쪽

오늘의 퀴즈

용암	불에 타고 남은 가루.
재	분위기나 크기 등이 무게가 있거나 무척 큼.
웅장하다	사람이 가기 매우 힘든 곳을 어려움을 이겨 내고 감.
정복하다	화산이 폭발할 때 솟구쳐서 나온 마그마. 또는 그것이 굳어서 된 암석.

교과서 문해력

1 폭발
2 (1) × (2) ○ (3) ○
3 ④
4 ②

실생활 문해력

1 ②
2 ②
3 (1) ○
4 ③

▶ 교과서 문해력 – 폼페이에서 있었던 일 ◀

◂ 글의 종류 이야기

◂ 글의 주제 폼페이에서 화산이 폭발한 날

---

1 루카가 살던 도시 폼페이에서 베수비오 화산이 폭발했어요. 루카의 가족은 집을 떠나 안전한 곳으로 피했고, 화산이 활동을 멈추기를 기다렸어요. 도시는 엉망이 되었고 루카의 집 또한 사라져 버렸어요.

2 (1) × 젬마가 부모님을 잃어버리긴 했으나, 돌아가셨는지는 이 글에서 확인할 수 없어요.

(2) ○ 화산 폭발로 인해 도시의 극장과 목욕탕이 사라졌어요.

(3) ○ 화산과 가까웠던 루카의 집도 화산 폭발의 영향으로 사라졌어요.

3 ④ 살아가야 하는 집이 없어진 것을 본 부모님의 마

쉬어가기

빠개다(○), 보개다(×)

'빠개다'란 '작고 단단한 물건을 두 쪽으로 가름.', '작고 단단한 물건의 틈을 넓게 벌림.' 등을 뜻하는 말이에요. '보개다'라고 잘못 쓰는 경우가 있지만, '빠개다'가 올바른 표기예요.

오늘의 퀴즈

1 생존   2 응급
3 수칙   4 의무

교과서 문해력

1 생존 수영
2 ①
3 ㉮ 스컬링 ㉯ 겨드랑이
4 ③

실생활 문해력

1 ④
2 구명조끼
3 ③
4 ③

▶ 교과서 문해력 - 물속에서 살아남기 ◀

◦ **글의 종류** 설명하는 글
◦ **글의 주제** 생존 수영

....

1 이 글은 생존 수영에 대해 쓴 글이에요. 생존 수영이 무엇인지와 생존 수영의 기본 수칙, 생존 수영의 방법 등을 설명하고 있어요.

2 ① 생존 수영의 기본 수칙 세 가지는 당황하지 않기, 체력 소모 줄이기, 규칙적인 호흡 유지하기예요. 물장구치기는 해당하지 않아요.

3 생존 수영 방법에는 잎새 뜨기, 스컬링, 주변에 있는 물건 이용하기 등이 있어요. 그중 주변에 있는 물건을 이용하는 방법이란 페트병, 비닐봉지, 가방 등에 공기를 담아 겨드랑이에 끼우는 방법이에요.

4 ③ ㉠에는 안전한 물놀이를 즐기기 위한 방법이 들어가야 해요. 앞서 우리나라에서는 생존 수영 교육이 여건상 제대로 이루어지지 않는 곳도 있다고 하였으므로, 스스로 생존 수영을 익히는 것이 바람직하다는 내용이 들어가야 해요.

▶ 실생활 문해력 - 물놀이 안전, 이것만은 지켜요! ◀

◦ **글의 종류** 안내문
◦ **글의 주제** 물놀이 안전 수칙

....

1 ④ 이 안내문은 물놀이 안전 수칙을 안내하고 있어요. 물놀이의 즐거움을 많은 사람에게 알리기 위해서 쓴 것은 아니에요.

2 구명조끼는 사람의 목숨을 구해요. 물에 빠졌을 때 구명조끼를 사용하면 몸이 가라앉지 않고 물에 뜰 수 있어요. 그러므로 물놀이를 할 때는 구명조끼를 잊지 말아야 해요.

3 ③ 구명조끼는 의복, 즉 옷이에요. 그러므로 ㉠에 사용된 '착용하기'는 '입기'와 바꾸어 쓸 수 있어요.

4 ③ 계곡, 강가, 바닷가에서는 잠금 장치가 있는 샌들을 신어야 한다고 했어요. '슬리퍼'는 '실내에서 신는 신.'으로 뒤축이 없이 발끝만 꿰게 되어 있어요. 따라서 계곡에서 슬리퍼를 신고 물놀이를 해서는 안 돼요.

쉬어가기

오뚝이(○), 오뚜기(×)

'오뚝이'란 '밑을 무겁게 하여 아무렇게나 굴려도 오뚝오뚝 일어서는 어린아이들의 장난감.'을 말해요. 식품 기업 이름 때문에 헷갈리는 경우가 많지요? 앞으로 '오뚝이'가 맞다는 사실을 기억하세요.

교과서부터 실생활까지
한번에!

결국,
습관이
이긴다

※ i-Scream
Home Learn

초등 6년 연산, 『아이스크림 더 연산』 8권이면 끝!

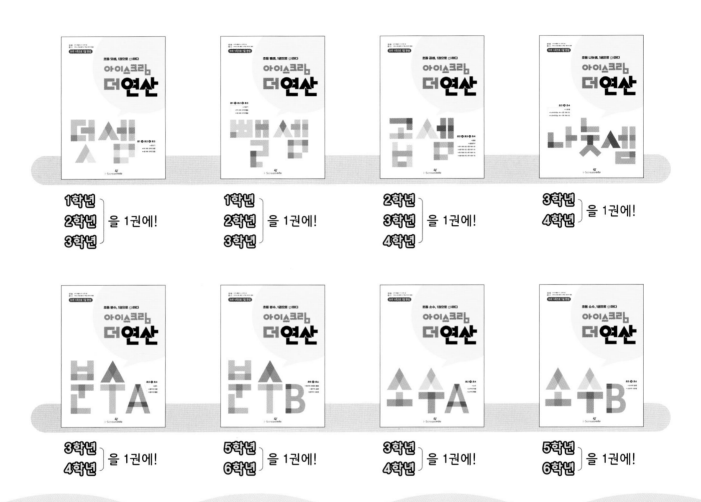

1학년 2학년 3학년 } 을 1권에!	1학년 2학년 3학년 } 을 1권에!	2학년 3학년 4학년 } 을 1권에!	3학년 4학년 } 을 1권에!
3학년 4학년 } 을 1권에!	5학년 6학년 } 을 1권에!	3학년 4학년 } 을 1권에!	5학년 6학년 } 을 1권에!

\# 이전 학습, 현재 학습, 이후 학습을 1권으로 더한 책!

\# 개념(한눈에 쏙 들어오는 개념 정리)
　개념(1일 4쪽, 1달 완성)
　평가(주제별 문제를 다시 확인)

"
연산력 강화에
최적화된 구성
"